sandsbook
散冊

曲博科技學院

你怎麼賺科技業的錢

4 大領域 × 3 個問題
搞懂新賽道的投資邏輯

曲建仲（曲博）& 葉芷娟 著

序言

想做科技投資，前瞻性很重要！
未來十年的四大投資主題

我是曲博，我是知識力專家社群創辦人，也是 YouTube 頻道「曲博科技教室」的主理人，現在有超過 25 萬人訂閱，我的理念，是將一般難懂的科技知識，講得人人都能懂。

在投資市場中，科技創新經常是帶動股市上漲的主要動力，但是我們常對新產業中的關鍵技術的理解不夠清楚，而做出錯誤的判斷。所以，在我的這本書中，將針對具有未來趨勢的四大領域：電動車、半導體、元宇宙、新能源，一一為你解析，找出哪些賽道值得長期投資。

電動車其實並非帶有太多困難的技術，最難就在兩個點上：電池和自動駕駛的體驗，哪一個車廠只要先把自動駕駛的好菜端上桌，哪一家就有機會笑到最後。我在本書中會針對幾個已經比他人早一步起跑的廠商們，一一做點評。

而半導體中，大家最關心的，肯定就是護國神山台積電，我會圍繞著台積電的優勢、勁敵英特爾和三星，以及其他隱憂，一一為大家詳細解說。半導體也是我觀察和著墨最深的主題，當半導體產業在奔跑了半個世紀後，最終撞上「摩爾定律」高

牆的關鍵時刻，我們要一起來看未來會怎麼走。

另外就是元宇宙了。元宇宙的生活應用雖然仍飄渺，但是技術已經開始慢慢展現，包含工業 4.0 也能應用的數位孿生，還有最近非常火紅的話題 AI 應用，以及檯面下暗潮洶湧的量子密碼，都是我們該提早關注的。當然，NFT 和區塊鏈我也會用最淺顯的話語和大家講明白。

最後是新能源。每一次能源的新崛起，都是一次世代的改換，當每一個國家都將零碳放在國家政策時，表示環境問題已進入危急狀態，事關人類能否在地球生存，其方向肯定是改變人類文明的核心動力。新能源的應用既是人類的自我救贖，同時也意味著未來幾十年裡潛力巨大的商業機會。

在之後人類發展的道路上，這四大產業勢必將愈發展愈巨大，整個產業的騰飛，也是人類未來長遠的剛性需求，不可不知！

如果你是視覺型的人，喜歡詳細的影音解說，你也可以看我的線上課程：

我的線上課程：
曲博科技學院

我的 YT 頻道：
曲博科技教室

Contents

Chapter 1

電動車

Electric car

Chapter 2

半導體與台積電

Semiconductors & TSMC

Chapter 3

區塊鏈與元宇宙

Blockchain & The Metaverse

Chapter 4

新能源

Future energy

Chapter 1

電動車

Electric car

1-1 三個問題，理解 最基本的「電動車投資」

1 和油車的差異　　**2** 台灣產業鏈　　**3** 新舊車廠

1 簡單來說，電動車與油車有何不同？

大有不同，但是最大不同就是動力系統的差異。電動車主要核心由電池、電機、電控組成，而電池正是電動車與油車最大的不同點。

電池是電動車的動力來

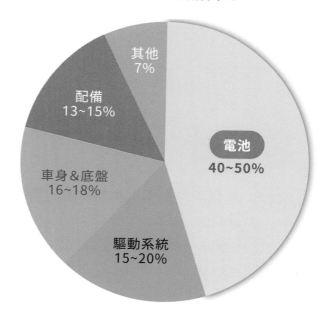

電動車成本結構占比

- 其他 7%
- 配備 13~15%
- 車身&底盤 16~18%
- 驅動系統 15~20%
- 電池 40~50%

源,更是整車成本最高的部分,在 2022 年仍占電動車成本約 30~40%。電池的原材料包括正負極材料、隔離膜和電解液三大部分。

而電池中的「磷酸鋰鐵電池」和「三元鋰電池」主要用於電動車的動力電池,正是市場關注度最高的兩大路線,這兩大材料方向的爭鬥也頗具故事性。

三元鋰電池除了使用鋰之外,還有鎳、鈷、錳三種元素,稱為三元。偶爾發生火燒車事件,都是因為電池保護膜破裂,接觸空氣易燃,甚至爆炸。而且三元鋰電池含有鈷、鎳,單價較高,為了要降低成本,目前業界的發展,就是朝向磷酸鋰鐵電池發展。

磷酸鐵鋰特性是壽命長、安全性高、成本低廉,但它有個致命的缺點,就是能量密度較低,也就是續航力會降低 30% 左右,其實在比較中低階的車款是可以接受的。而且,對於初接觸電動車的人來說,「價格」和「安全」肯定是非常重要的考慮因素,兩相比較之下,我認為未來朝向磷酸鋰鐵電池發展的機會較高。

電動車主流電池類型

	三元鋰 (NCA/NMC)	磷酸鋰鐵 (LFP)	鈦酸鋰 (LTO)
能量密度 (Wh/kg)	230~260	150~170	80~100
安全性	中	高	高
壽命 (cycles)	1,000	2,000	8,000
成本 (美元/kWh)	中	低	高

2 電動車在台灣產業鏈有哪些？

從整車成本來說，電池一定是最有成長性的區塊，但是台灣比較可惜，幾乎沒有著力點。台灣的廠商，主要都是做一些電池材料，但是做成整個電池的廠商幾乎沒有，也無法達到經濟規模，簡單的說，看財報幾乎都是虧錢。

回到電動車三大區塊：電池、電機、電控。我覺得對台灣的廠商比較有機會的，反而是「電控」這部分，因為電控裡面有「自動駕駛」，用了非常多的晶片，如果電動車少了自動駕駛的話，其實技術上沒有什麼了不起的。

台廠鋰電池供應鏈

上游材料		中游加工	下游整合
陽極	陰極	電池芯製作	電池模組整合
中碳	美琪瑪		新普
永裕	立凱		順達
榮碳	康普		加百裕
	長園科	台達電	
	泓辰	興能高	
		長泓能源	
		昇陽電池	

台灣汽車電子產業供應鏈

半導體	零組件/模組	次系統/系統	系統整合	整車

半導體

晶圓廠
台積電
聯電
世界先進

封測廠
日月光
矽品

IC設計
聯發科
凌陽
瑞昱

車用DRAM
鈺創
華邦電
旺宏
宇瞻

影像辨識晶片
原相
偉詮電
義隆電

零組件/模組

毫米波雷達
啟碁
明泰
輝創
為升

影像/鏡頭
同欣電
亞光
佳凌

抬頭顯示
移利電

胎壓偵測器
為升
橙的
車王電
同致

連接器
胡連
貿聯
正崴
健和興
凡甲

車燈
堤維西
大億科
麗清
帝寶

車用面板
友達
群創

車用LED
富采
億光
光寶

次系統/系統

ADAS
為升
奇美車電
鼎天
輝創
同致
車王電

連網服務
中華電信
台灣大
遠傳

車載主機
研華
華碩(亞旭)

駕駛監控
車捷資訊
慧友電子

系統整合
鴻華
車測中心
華德動能
台灣智慧駕駛

整車
裕隆
中華
國瑞
福特六和
華德動能

註：ADAS與自駕車用零組件類似，尤其Level 3(含)以上共通性高，差別在於汽車是由系統本身操作，或是由人類操控。

3 如果看好電動車趨勢，要關注新車廠還是舊車廠呢？

其實汽車是一個百年大業，為什麼這些傳統車大廠不早一點進來做，照理來說，他們有很好的工廠，還有自動化的產線，還有很多使用者的反饋，要立刻進來電動車市場似乎不難。

但是我們之前提過，電動車的技術並不高，想量產電動車又要能獲利，需要滿足的條

件太多。根據麥肯錫的調查發現，即便現在的電動車企業愈來愈多，大部分廠商並沒有在電動車上獲利，因為電動車的售價通常要比同等性能的汽油車貴上 12,000 美金。所以，要吸引消費者購買，品牌的宣傳是很大的因素。

傳統的車廠是先行者，簡單的說，它錢照樣賺，當然就沒有壓力去換成電動車跑道。相反的，特斯拉一開始就做電動車，它也只有電動車可以賣，當然會把整個資源全部押進去。

過去大家會發現，特斯拉領先傳統車廠很多，但是，不要忘記了製造汽車其實是傳統車廠的專長，所以它們會追得很快，所以特斯拉未來還會有優勢嗎？值得我們拭目以待。

1 什麼是自動駕駛？它有哪幾個分級？

我們知道，「自動駕駛系統」是在電動車裡面，最有特色也是最多爭議的部分。特斯拉也曾因為 Autopilot 的功能吃上官司與許多糾紛。如果你對電動車本身以及相關的技術行業有夠多了解，你可能會知道，被特斯拉命名為「Autopilot」的這一功能，並非真正的「自動駕駛」系統。

特斯拉使用「自動輔助駕駛」（Autopilot）與「全自動駕駛」（FSD：Full Self-Driving）這種文字混淆的使用，並且宣稱是「真的」自動駕駛，但是卻又要求駕駛人必須雙手放在方向盤上，結果自創了一種「雙手放在方向盤上的全自動駕駛」這種詭異的邏輯。

事實上，在 2023 年 2 月之前，特斯拉向監管單位只申報了 Level 2 等級的自動駕駛，用來規避車廠的責任。

那麼，真正的自動駕駛到底是

什麼？其中有牽涉哪一些技術呢？

　　簡單來說，等級零（SAE Level 0）是完全由人工操作，沒有自動功能，駕駛必須隨時掌握車輛的所有功能，但是可能有基本的警告裝置。

等級一（SAE Level 1）駕駛輔助

　　現在大部分車子都具備了，大多是自動化控制功能，但是只能單獨作用，例如：防鎖死煞車系統（ABS）、巡航定速系統（CCS）等。

等級二（SAE Level 2）部分自動

　　具有多種自動化控制功能，可以代替駕駛人監控及處理駕駛環境的變化，以減輕駕駛人的負擔，比方說，主動式定速（ACC）、自動緊急煞車系統（AEB）、自動停車系統（APS）等。但是，駕駛人仍然需要注意行駛環境，隨時有可能需要介入控制車輛，

等級三（SAE Level 3）條件自動

　　車輛可以自動完成部分駕駛任務，在一定條件下可以監控駕駛環境，當汽車偵測到需要駕駛人時會立即讓駕駛人接管後續控制，因此駕駛人必須隨時準備接手系統無力處理的狀況，這算是無人駕駛車的開始階段。

等級四（SAE Level 4）高度自動

　　在一定條件下，車輛可以自動完成所有駕駛和環境監控，在自動駕駛功能啟動時駕駛人不需要介入，但是自動駕駛僅限於高速或車輛較少的特定道路上使用，也有人把這個等級稱為「有方向盤的無人駕駛車」。

等級五（SAE Level 5）全自動化

在所有條件下，車輛可以自行駕駛，也可以在所有道路上使用，執行所有控制功能，即使沒有人在車上，車子也可以自動駕駛，也就是「完全自動化」。汽車不再需要方向盤、油門，也有人把這個等級稱為「無方向盤的無人駕駛車」。

簡單來說，現在大部分車子只到 Level 2~Level 3 的程度，Level 2 是什麼呢？

我們可以看下圖，就是幫你自動停車、自動煞車。而 Level 3 就是在路上，某一段路程，車子可以自動幫你完成駕駛，例如我今天開上高速公路，大家的車速都差不多，這個時候你按一個按鍵，它就幫你跑完整段高速公路的路程，這個叫 Level 3。

但是看過太多電影的我們都認為自動駕駛應該已經到 Level 5 了，其實還很遠

自動駕駛分級

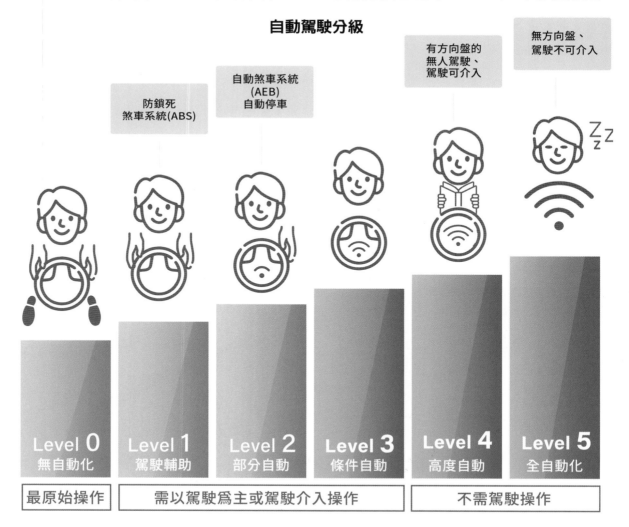

16

車用 5 大感測器

種類	超音波 (Ultrasonic)	紅外線 (Infrared)	毫米波雷達 (mmWave Radar)	光達 (Lidar)	影像感測器 (CIS)
深測角度	120°	30°	10°／60°	20°／360°	30°
深測距離	1m	1-50m	100-200m	100-200m	1-200m
路標辨識能力	弱	弱	弱	弱	強
環境限制	風沙影響大	溫度影響大	影響較少	雨天影響大	強光影響大
優點	價格便宜 結構簡單 體積輕巧	價格便宜 夜間可正常使用	不受天氣夜間影響 可長距離探測	距離精確度高 方向性強反應快 不受電磁波干擾	可分辨障礙物 可分辨尺寸顏色 可分辨距離
缺點	受天氣影響大 只可近距離探測	受天氣影響大 只可近距離探測 難以辨別行人	距離精確度較光達低 對行人辨識能力弱	成本較高 受天氣影響大	受天氣影響大 受視野影響大 類似人類視覺

呢，我認為起碼還要十年以後才能實現。為什麼呢？因為要滿足的條件太多了。

簡單來說，如果汽車能夠①定位到自己的位置，再②結合高度精細的地圖上，那麼，汽車的自動駕駛系統對當下的駕駛環境，就會有比較精準的判斷。如果有這兩點，比較能夠做出正確判斷，然後控制車輛的下一步行為。

但是呢，發展自動駕駛，一定會遇到「定位技術」的瓶頸。

首先，在自動駕駛中，高度的定位技術，有「絕對定位」和「相對定位」之分。常見的紅外線、超音波、毫米波雷達，都是相對定位；而 GNSS（全球衛星導航系統）定位結合 IMU 慣性感測器的融合定位，能得到車輛所處的經緯度資訊和當前的資訊，反映的是車輛在地球坐標系中的絕對位置，是屬於絕對定位。

但是，每一種定位感測器都有自己的優勢，也有非常明顯的缺陷。比如「毫米波雷達」基本上就是用電磁波，從車輛的發射器發射出去，再經由天線收回來。電磁波打到前方的障礙物之後就會被反射，接收回來的訊號就可以判斷，障礙物距離車子有多遠。

但是，因為電磁波多少都會有繞射的現象，所以部分的電磁波會繞過障礙物，意思就是，毫米波雷達的精確度不夠高，

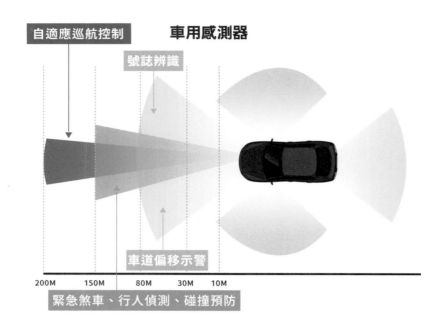

車用感測器

自適應巡航控制

號誌辨識

● 毫米波雷達
● 光學雷達
● 車用攝影機

車道偏移示警

200M　150M　80M　30M　10M

緊急煞車、行人偵測、碰撞預防

只能做基本的判斷。所以呢，需要安裝非常多的毫米波雷達，才能實現對車輛周邊整體環境探測，實現精準定位。特斯拉、豐田和賓士都採用這套，這也存在高成本的問題。

再說「光學雷達」（簡稱光達），基本上就是用雷射光從發射端發射出去，打到障礙物後反射回來。因為我們知道光的速度，透過反射回來的時間，就能偵測出距離。

光達最大的特色就是雷射光束，由雷射光束掃描整個空間時，精確度就可以提高。

所以光達的精確度，實際上可以提高到幾十公分的範圍內。當精確度提高，

自動駕駛才會有足夠的安全性。

所以，包含蔚來汽車、小鵬汽車等電動車廠使用了許多光達，國外有很多自駕系統，包含像 Waymo，就是大家常看到自駕車的車頂上一堆大水桶，那一種就是光達系統。

最後「影像感測器」可以如同視網膜般的擷取影像，讓我們能輕鬆的處理、重現並儲存巨量的影像資訊。

總結一下，要達成 Level 5 這樣的結果，已經不只是車子上的裝備，還需要外在的環境協助，例如道路的設計、感應器、同時定位與地圖建構（SLAM）等建設，這不只是單方面想架設即可滿足，還要考慮夠多的土地與政策。

2 馬斯克強調特斯拉的「影像感測器」是自動駕駛技術的最終解嗎？

先講影像感測器的原理和問題。

從市場潛力來看的話，像是 CMOS 影像感測器 CIS 早就已經廣泛的應用在智慧型手機裡，本來就很被看好，更不用說未來像是放在自動駕駛裡，還有智慧工廠、智慧家庭、娛樂、醫療等等。其實很多的生活場景，統統都會用到影像感測器，相關個股也已經飆漲得很多。

影像感測器應用在自動駕駛上，可以安裝在正前方、側面，還有正後方，可得到車輛四周所有的影像，再把這些影像送進汽車的處理器中運算，運算後經由 AI 判斷，再驅動自動裝置，也就是控制動力方向盤、煞車等。

而特斯拉向來積極採用視覺偵測，一台車配備多個環景鏡頭，主要透過鏡頭視覺影像，並且用 AI 學習來分析路況。如

特斯拉影像感測器

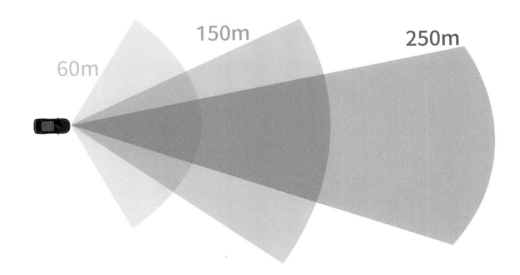

果依照馬斯克所說，**只用「純視覺」的影像感測來做自動駕駛系統，我認為安全性是有疑慮的。**

很多人實際用過「純視覺的自動駕駛」都說，這個自駕系統好像一個喝醉酒的人在路上開車，原因是什麼呢？雖然影像感測器依據不同顏色，然後用好多個影像感測器去判斷距離，但實際上，它判斷距離的精確度是不夠的。

影像感測器在運作時，不停的在搜尋地面的標線，但是有一些路上就是沒有標線，在搜不到的狀況下，電腦就會不停的運算跟處理，所以才會有人感受到車子是晃來晃去的。

簡單的講，自動駕駛跟人命相關，實務上，必須要設計所謂的「工程冗餘」，也就是，得要有好幾個不同的系統，重複確認驗證並確保前方沒有障礙物，車子才可以前進。多工沒有關係，人命更是要緊！

所以我覺得，影像感測器雖然重要，但是還是要加上「雷達」或者「光達」這3個感測器來分工合作，才能夠確保自動駕駛安全萬無一失。

只用影像感測器的自動駕駛，其實存在著風險。特斯拉的自動駕駛，主要靠的是它正前方的3顆影像感測器，大家都以為，特斯拉有3顆影像感測器，比人只有兩隻眼睛來得多，照理來說，特斯拉的自動駕駛，要比人的眼睛厲害，對不對？

但實際上並不是這樣，這裡有幾個關鍵：第一個，人的眼睛可以自動對焦，今天要對近的東西也可以，我要對遠的東西也可以。但是影像感測器的對焦，我們把它稱為 Auto Focus，這個自動對焦是用演算法做的，必須要在靜止的狀況下才可以對焦。

大家拍過照都知道，一定是靜止下來後才開始對焦，鏡頭對焦完才拍照。可是自動駕駛車在路上跑的時候，影像一直在動，是沒有辦法對焦的。

所以特斯拉的正前方，雖然有3顆影像感測器，但實際上，這3顆都是定焦的影像感測器，其中一顆是定在250公尺遠，第二顆是定在150公尺，第三顆是定在60公尺，雖然它有3顆影像感測器，但其實比人的一顆眼睛還不如啊！

所以，我還是要強調一個重點，要以純視覺的影像感測，去做自動駕駛，又要做到夠高的精確度，在工程上，基本上就是困難的。

3 自動駕駛的投資方向,該怎麼看待呢?

車用的感測器,跟我們手機用的其實還是有些不同。車規的要求比較高,目前做最多的 Sony,它是全世界做這種影像感測器最知名的公司,但它並非全部的感測器都自己做,實際上有很多感測器是外包給台積電代工。所以,台積電不是要去日本設廠嗎,其實就是在幫 Sony 代工。

影像感測器除了矽晶圓的代工之外,上面需要一些光學結構,包含彩色濾光膜、微透鏡等就是由采鈺來提供,最後做完了之後,還要封裝,這個就是由精材來提供。所以如果要談影像感測器,我認為朝這個方向去尋找會比較好。

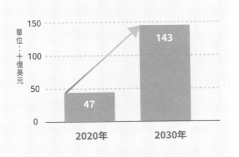

全球光達市場成長預估

單位:十億美元

47 (2020年)
143 (2030年)

另外,在駕駛輔助技術,以及接下來 Level 3 以上自動駕駛技術的推動下,光達市場正快速擴張中。這也是非常值得注意的。

Sony 的 CMOS 感測器供應鏈

晶圓代工 → 台積電
光學膜、微透鏡加工製程 → ViSERA 采鈺科技
封裝測試 → 精材 / 同欣電

1-3 三個問題，基本理解電動車龍頭特斯拉

1 為何變成龍頭　　2 特殊點　　3 風險與隱憂

1 特斯拉為何會變成龍頭？

1. 解決了電動車量產的問題

　　「量產」真的是電動車很大的製造門檻。你知道很多電動車廠並不缺訂單，但是為什麼銷售量一直上不來呢？簡單說，製造速度跟不上訂單速度。除了之前因疫情缺零組件之外，生產線效率不夠快也是一個大問題。不過特斯拉現在的超級工廠已經解決了這個問題，號稱每兩分鐘就可以組裝完一台車。

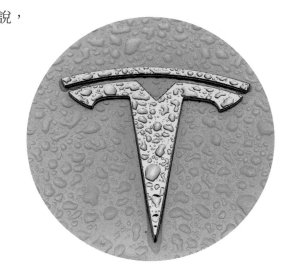

2. 個人行銷技術太強大

如同我之前說的，電動車要克服的技術問題不多，首先要克服的是使用者的心理門檻。他一開始就很清楚知道，如果只是賣電動車，就絕對不可能吸引投資人和消費者的目光。

在一個世紀前，就已經有人發明的電動車，為什麼現在才有市場？特斯拉的創辦人伊隆馬斯克非常聰明的把「自駕車」概念，融入電動車的行銷中，所以才會創造出專屬於特斯拉的印象，實際上也吸引消費者的目光。

確實，在整個行銷策略上，特斯拉是非常成功的。

2 特斯拉並非是第一家電動車公司，卻將電動車企業成功推銷至大眾眼前。其技術有特殊之處嗎？

1. 整車 OTA（Over-the-Air Technology，空中下載技術）

什麼是 OTA 呢？不知道你有沒有去汽車廠保養過？從前油車保養時，如果軟體需要更新，會在維修中心處理，並且全程手動。但是當汽車出現許多人工智慧功能時，軟體的管理就愈來愈重要。車子好像手機 APP 一樣，需要適時更新軟體版本，我們可以從下圖看到。

特斯拉很重視軟體疊代，從一開始就將眼光著重在 OTA 上。先賣給消費者一個不差的硬體，然後透過下載後疊代的方式，逐漸補強軟體的潛力，拉升消費者的使用體驗。這是一般傳統車廠當初沒有的。

2. 以速度強調功能強大

伊隆馬斯克非常注意速度這

OTA 空中下載技術

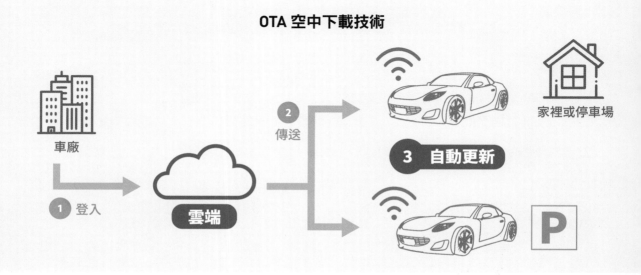

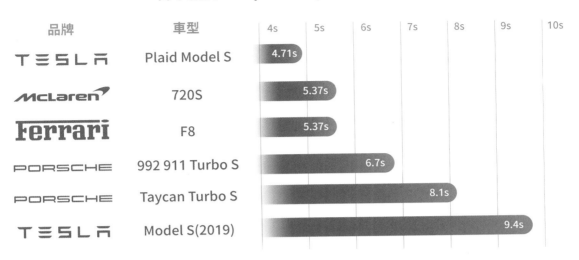

各車款於 60mph-130mph 加速性能排行

品牌	車型							
TESLA	Plaid Model S	4.71s						
McLaren	720S	5.37s						
Ferrari	F8	5.37s						
PORSCHE	992 911 Turbo S	6.7s						
PORSCHE	Taycan Turbo S	8.1s						
TESLA	Model S(2019)	9.4s						

件事,部分特斯拉的車型特別強調加速上的能力,甚至去和跑車比賽,還跑贏了保時捷。到底為什麼特斯拉這麼會跑?和油車相比,電動車的加速性確實讓人更滿意。

這跟傳統油車的動力系統有關。傳統油車在加速時,駕駛員踩下油門後,汽油才噴進引擎,這都需要反應時間。

而電動車的加速,實際上就是一個線性的過程,只要踩下油門,把電抽出來送進馬達,馬達立刻就開始旋轉。

所以,如果你在起步階段去比,就會發現電動車絕對更快!

當然,特斯拉和其他電車相比也不遜色的原因,應該也跟電源管理系統和電池設計有關。特斯拉畢竟在電動車製造上,已經有比較長的時間跟

經驗,控制能力是勝過保時捷。保時捷才剛開始做電動車,經驗不足,所以我認為特斯拉在未來這幾年之內,在電動車的各項功能上,還是會領先其他傳統的車廠。

我要強調的是,電動車的馬達和動力系統,事實上只要花時間就可以有機會追得上來,我們要持續觀察傳統車廠有沒有投入資源在這部分研發,那麼特斯拉的優勢就容易被取代。

3. 特斯拉不只是電動車公司，更是能源公司

實際上馬斯克曾經講過，特斯拉是一家能源公司。為什麼要特別強調這個點？電動車要充電，那充電總是要有來源，那如果電的來源，又是來自於傳統的火力發電廠，那就不是再生能源，有違背電動車＝清潔能源＝環保的印象和設定。所以，他就將太陽能的概念也拉進來。簡單說，在特斯拉的部分車型中，裝有太陽能板，可吸收太陽光轉換成電能，就可儲存起來。

另外，在車子上用太陽能還不夠，特斯拉的子公司 Powerwall 還有銷售太陽能板和儲能設備，他們認為最理想的狀況是自家有太陽能板發電，白天將電力儲存於儲能設備，晚上再替車輛充電，甚至還可供電給其他電器；還可以讓特斯拉車主將多餘電力儲存，賣回區域電網，使特斯拉成為中介零售電力業者。這一招就很巧妙的把電動車、太陽能、儲能整個結合在一起。

3 特斯拉的風險與隱憂？

1. 碳權銷售數字下滑

起因於碳權客戶正在流失中，在各大車廠紛紛擁抱電動車的潮流下，碳權交易的紅利消失已成定局。像是飛雅特克萊斯勒（Stellantis）過去曾是特斯拉碳權交易的大客戶，2019 年起已花費至少 24 億美元（約新台幣 668 億元）向特斯拉購買碳排放額度，並占據特斯拉 2008 年至 2021 年碳權交易所得的一半以上。

但是飛雅特克萊斯勒已經宣布從 2022 年開始將不會繼續採購碳權。特斯拉財務長柯克霍恩（Zachary Kirkhorn）也曾在財報會議中坦承，預計碳權交易所得將開始下滑。

2. 其他收費服務的不確定性

特斯拉執行長曾表示，空中下載 OTA 和充電站即將開始收

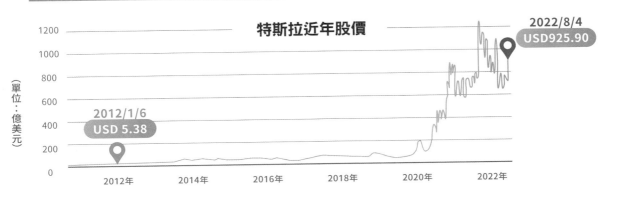

費，並且開放給其他廠牌電動車充電。但現階段無法估算其營收，且收費漲幅大，造成車主錯愕。

另外，馬斯克在特斯拉財報會上預告：「FSD 全自駕系統，將成為特斯拉最重要的利潤來源」。

FSD 是什麼呢？

簡單來說，特斯拉現階段把自動駕駛輔助系統分為 AP、EAP、FSD。

AP 是 Tesla 的 Autopilot 的縮寫，意思是「自動輔助駕駛」，現在 Tesla 全車系均標配，不需要另外選購。

EAP 則是 Enhanced Autopilot 的縮寫，也就是增強版自動輔助駕駛，功能介於 Autopilot 與 FSD 之間。

FSD 是 Full Self-Driving「全自動輔助駕駛」縮寫，它是在購車時可加購的一個選項，有買斷制和訂閱制，2022 年在北美買車加購服務，買斷 FSD 需多付不便宜的訂閱費，一般人對此的接受度夠高嗎？

並且截至 2023 年初，最新的特斯拉不僅去除了毫米波雷達，甚至連超音波雷達都捨棄，改採全視覺模擬，意思就是說，讓車子模擬人類駕駛的過程：先用視覺辨別，再透過大腦神經計算，最後到達身體執行的層面。

不過，這需要強大的運算力，以及不停更新軟體，也就是說，伊隆馬斯克希望藉由 FSD 訂閱的更新，來優化使用者的體驗，以及增加他的營收。我認為，特斯拉捨棄光達，運用攝影機和人工智慧（AI）來模擬的做法，並不實際。

身為產業的先行者，特斯拉已經有許多車子在實際的道路上駕駛，累積了許多數據，在資料蒐集及優化上，其擁有領先地位是無庸置疑的，但是隨著各國電子車陸續上路，我認為這份優勢會漸漸被抹平。

1-4 三個問題，基本理解傳統車大廠福特的轉彎

1 福特的特性　**2** 近來的優勢　**3** 車用晶片的可投資性

1 福特是怎樣的車廠？

許多傳統車廠正面臨被動轉型，被媒體稱為「逃生式轉型」，例如福特。福特曾經輝煌，但是老牌車廠，真的能在電動車潮中趕上特斯拉嗎？

這其中有一個關鍵人物：新 CEO Jim Farley。和前任 CEO 是行銷人，講究客戶體驗不同，現任 CEO 是一名汽車人，Jim Farley 曾在 Toyota LEXUS 擔任副總裁，2020 年上任 CEO 後，一手推動 Ford + 計畫，重組了電動車部門，目標是「未來的銷售，將有 40％是從電動車來

的」。福特的業務低迷了非常久，想要來認真顛覆福特，只有真正的汽車人才行！

自 Jim Farley 執掌福特以來，由於新商業策略耳目一新，受到了許多華爾街分析師的青睞。福特股價也不再是一盤死水，從每股 7 美元，最高曾衝上 25.87 元，再創 20 年新高，漲幅也超過 200％，擊敗特斯拉，位居汽車股上漲之冠。Jim Farley 說：「我很敬佩特斯拉和蔚來，但我很努力要幹掉我的偶像。」

2 福特的優勢是什麼？

福特做了很多，不過我認為最令人矚目的，應該是拿暢銷車來改成電動車，像是皮卡和野馬。

這是產品優勢。

皮卡是什麼車呢？英文是「pick-up」，前半是轎車，後半是卡車，這種車在台灣不怎麼熱門，但是因為美國地大，不管是生活或工作都要長時間開車，皮卡這種前面坐起來舒服，後面可以裝很多東西的車型，當你週末去戶外活動或進行一週採買時，有雙重功用的車子就很受歡迎了。連 Toyota 也緊急推出了皮卡，發布會上還宣稱可能是美國區最暢銷的產品之一。

Photo by UltraTech66 on Wikipedia

皮卡車市場已戰雲密布

再講到組裝品質和質感，傳統車廠真的比特斯拉好很多，你看福特的野馬系列，銷售已經長達 60 年的老牌子跑車，福特拿這款自家長年暢銷跑車來做成電動車 Mustang Mach-E，坦白說，使用的熟悉度更佳，排斥更低。

那福特的技術上有什麼優點？

我舉兩個簡單的例子，第一個是觸控螢幕。大家都知道特斯拉最大的特色，就是有一個大大的觸控螢幕，你如果不仔細看，還真的以為那是一支大手機。但是，特斯拉為了要讓車上的機械型按鍵愈精簡愈好，它把非常多的功能，全部都整合到觸控螢幕裡面。而且呢，為了要讓使用介面精簡，所以有些功能，要按好幾次才能進去。

所以就有人說，我連在開車時要除個霜都要按好幾次才能找到那個開關，有點像是我們平常在使用手機的感覺。但是車子和手機不同，開車時千萬不能玩手機啊！

大家會回想一下，傳統油車有很多按鍵都是一鍵式的，這樣子雖然會造成駕駛艙有好多按鍵，但是車子在行駛當中，就是要這樣才方便按。同樣的道理，福特就把這樣的概念，使用在它們的觸控面板中。

所以，福特的自駕系統雖然也是一個大大的面板，但是它在設計的時候，很多的觸控按鍵，是非常直覺的。

再來談一談自動駕駛系統。我們知道，特斯拉的自駕系統是它的賣點，但是，常常有駕駛員就故意把手放在方向盤上，但是眼睛沒有看前面，想騙過自動系統駕駛：「我是有注意在看道路的喔！」這個時候就會發生危險。

相反的，福特汽車另外再採用了一組影像感測器，來偵測駕駛人的眼睛，讓自駕系統確定，駕駛人現在真的盯著前方路況。

從這個兩個例子就會發現，福特雖然是傳統車廠，但是它在自駕系統上的用心和出發點就與特斯拉不同。

3 福特在疫情的供應鏈問題中，是否凸顯車用晶片的可投資性？

車子是百年大業，傳統車廠急起直追是追得上，問題是卡在供應鏈，需要說服及協同供應商轉型。

在疫情中間，有傳出福特因為塞港的關係，所以缺晶片，造成出貨不易。

其實呢，在傳統的車子中，也會用到晶片喔，也就是說，傳統車廠供應鏈原本就有晶片，但會漸漸擴大占比。

傳統車子有些會有 Level 2 的功能，它還是有很多相關的數位或者類比的訊號要處理，一般燃油車一台會有 300 個晶片，但是電動車又會再多出許多。

現在的電動車多出兩個種類的晶片，第一個就是動力系統

的晶片，包含直流電轉交流電、交流電轉直流電等，這些多出來的晶片，就是我們常常聽到的功率元件，或者第三代半導體。

另外，就是電動車的自駕系統。現在的自駕系統愈做愈複雜，晶片當然也就愈來愈多。所以，現在電動車一台大概需要 2,000～3,000 多個晶片，所以晶片的需求量真的增加很多。

那你會說，電動車的相關晶片很值得投資嗎？我會帶你注意三個點，第一個，電動車的銷量不如手機大量又快速，即便需求增加，但是換車潮不如換機潮大。第二個，電動車的晶片大部分並非高階晶片，是否能再造晶片缺貨潮？我覺得機會不大。

第三點，就是往常對車子的驗證非常嚴格。一台車子裡的系統任何一顆晶片只要通過車規驗證之後，晶片是不可以隨便更換的，即使你換的晶片功能相同，只要換了不同型號，就要全部重新驗證這個車用的產品，而驗證期動不動都是一年兩年。因為車子這樣的產品與手機不同，攸關使用者的性命，審查嚴格，過去的車子也都是這樣生產出來。所以，製造車用晶片的人，容易賺錢嗎？要經過許多審查時間，產品疊代容易嗎？這都是我們要考慮的喔！

1-5 三個問題，基本理解新創電動車廠：蔚來與 Rivian

1 中國電動車世界銷售	2 中國車企的優勢	3 新創品牌 Rivian

1 中國電動車是否能贏過美國電動車，在世界銷售上重新洗牌？

中國是電動車滲透率最好的國家，為什麼？是他們對環保很堅持嗎？還是他們非常熱愛電動車？或者是他們的電動車做得特別好？

在中國，任何一項政策，都是由政府統一推動，而且民間會迅速跟著政府的腳步，照樣執行，不得有個人意志，也不能有誤。所以不管做什麼，速度都會非常快。

過去，因為空氣污染相當嚴重，所以在很早之前，他們就一直研究降低空氣污染的方法，除了工業廢氣之外，就是汽車了。解決方法也很粗暴簡單，就是補助電動車，全面改成電動車，才有了這樣的局面。

先來談蔚來汽車。它的定價在中國整體的電動車企當中算是偏高，至少高 30% ～ 40% 左右，那為什麼蔚來可以開這樣的價格販售？還變成中國高級電動車的標竿？

我們從車評報導中會發現，蔚來的 BaaS、乘車舒適度以及

2015-2021 全球電動車年度銷售占比

單位：萬輛

圖例：中國銷量　全球銷量　中國占全球比重

註：加入統計的僅有純電動車(EV)，不包含插電混合動力車(PHEV)

後續客戶服務口碑非常好。

首先是 BaaS，也就是換電。蔚來的購車方案裡面，這種「車電分離」的方案比較受歡迎，代稱是「BaaS」。換句話來說，「BaaS」就是「車子是用賣的，電池是用租的」，「BaaS」的車子價格比較低，降低了電動車的購買門檻。消費者只要用就好，電池的養護、回收、效能降低的風險等價值管理問題，讓電池資產公司操心。

目前推動電動車電池交換最大的困難在於規格沒有統一，不同廠商必須建置不同的電池交換站，大大降低了使用的便利性。另外，買車必須不含電池，才有可能推廣電池交換的概念。

那麼，BaaS 解決了蔚來什麼大問題？

第一、電動汽車價格昂貴的問題。電動車的電池大概占車價的 40%，如果改成只買車不買電池，電池用租的，那價格可以更親民。

第二、動力電池容易耗損的問題。BasS 也可對用戶升級電池，電動車的二手車價不好就是因為電池用愈久愈不值錢，推廣電池交換可以解決這個問題。

第三、充電與換電方案的空間需求。由於車輛充電需費時等待，充電站更需要大空間；而換電的話，車輛只需更換電池，不用長久停放，因此可以使用較小的空間。

再加上蔚來的品牌操作成功，有很多

人是吃他的行銷和口碑。

我們一般看到傳統車企的行銷方法，大多是樹立品牌形象，把目標設定在大眾來宣傳，在媒體上打廣告，把車子給其他大小車商分銷。不過蔚來汽車不是，他的宣傳手段，是把創辦人變成 KOL →找到明確的分眾→不透過經銷商，直接在網路上賣車給粉絲→經營私領域流量→營造品牌能力。

什麼意思呢？我舉個例子，比方說，創辦人李斌曾在自家新車型 ET5 發售前兩週，講了一句話：「完全想不明白為什麼現在還有人買油車，是有多懷舊才會買油車啊！除了能聞到一點汽油味，實在想不到有什麼好的。」

這一句話才剛講完，馬上出現在微博熱搜榜上，受到網友熱烈吐槽和討論，也增加了蔚來新車的能見度。這跟特斯拉的宣傳路數是很像的。

另外，講到蔚來車主的向心力。

在中國，蔚來的車主是有很強向心力的一群人。早期，蔚來也曾斥資 8,000 萬包下飛機、高鐵、酒店，邀請全球各地的車主齊聚一起，品牌會透過各種活動保持社群的活躍。在 APP 的排名中，蔚來 APP 排名 56，小鵬汽車和理想汽車則在 500 名外，這主要來自蔚來 APP擁有更強的私密社團性質。

這樣蔚來的車主好像不只是買了一個交通工具，還擁有一個完全不同生活圈。因為蔚來車主這個共同的身分，他們集合在一起。

而且老實說，以蔚來的車價和服務費用加在一起，能夠消費的車主，身價也不會太差。所以有人說，蔚來賣的不僅僅是車，還是一個高收入質感的社群。

不過，話說回來，蔚來的高定價帶來一個比較大的壓力，就是當本地國產電動車的價格下降時，它的成長性看起來已經停滯。且中國境內低價的純電動車的銷量正在節節攀高，雖然品牌力或者車子的品質，並非同一等級的銷售對象，但表示中國的新能源車市場，正陷入混戰之中。

雖然 2021 年全球超過一半電動車，都是從中國賣出，但是背後賣的，其實不是我們一般想像那種高級電動車，而是一個叫做「五菱宏光」的品牌，之所以會賣得這麼好，說穿了，就是政府補助完之後非常便宜，一台特斯拉動輒破百萬台幣，五菱宏光大概只有 10 萬台幣而已。

你說五菱宏光的車子，走出中國後，能邁向全世界嗎？我覺得有困難。

2 中國車企看起來來勢洶洶，有值得注意的地方嗎？

技術上，中國的車企是有自己的優勢。

先說蔚來的自駕系統，它用到光達，事實上，蔚來自駕系統的靈活度比特斯拉更好，它也是不停與特斯拉做競爭，包含定價和定位都是。但是不管怎麼做，蔚來的產品屬於中高價位。所以在中國市場，馬上會面臨的就是本土車廠的低價競爭。

另外值得一提的是，中國車企比亞迪。為什麼我會提比亞迪？因為它的垂直整合能力就比蔚來更強，差異是什麼呢？比亞迪原本就有在製造油車，所以它比較接近傳統車廠的轉型。我一直在強調，傳統車廠的轉型是比較有優勢的，因為它本來就有工廠，有垂直整合的能力。比亞迪的優勢，在於手上有電池、晶片，垂直整合能力強，能夠保持供應鏈不中斷，而蔚來、理想受供應鏈影響較大。

我認為，比起低價電動車或特斯拉，比亞迪的垂直整合實力才是蔚來的威脅，垂直整合是未來電動車廠的發展趨勢，特斯拉從電動車做到想要自行生產電池，甚至想要買鋰礦，雖然還未實現，同時也計劃要自行生產功率電晶體。你會發現，車廠掌握上游原料的確是個重要的模式。

另外來講刀片電池。什麼是刀片電池呢？大家知道鋰電池之所以非常重，是因為它的包裝，造成能量密度沒辦法提升。一般我們的車用鋰電池，是一顆一顆包起來，不管你是什麼形狀的，但是你要減少重量、增加能量密度，最簡單的方法就是減少包裝。

而比亞迪發明了刀片電池，大幅縮小了包裝體積。

刀片電池不是真的做成刀片，而是它一個一個電池的單元，是用一片一片這樣的結構，直接組成一個大型電池。號稱電池的空間利用率可達 60% 以上，大幅縮小電池體積。刀片電池是將磷酸鋰鐵電池芯做成了刀片般的細長形狀，長度可以根據電池包的尺寸進行定製，最長可達 2 公尺以上，能量密度較傳統的鋰離子電池高。另外，刀片電池的安全性比較高，並且可減少稀有金屬使用量，提高電動車的續航里程。

不過我要說，電動車在中國其實是特殊市場，你可以看到，特斯拉和蔚來其實是有錢人在開的，而比亞迪、五菱宏光為什麼會暢銷，其實是實用主義抬頭所致。

3 被稱為「未來特斯拉殺手」的 Rivian，應該如何看待？

如果說特斯拉賣點在「鋼鐵人」伊隆馬斯克，Rivian 打的招牌也是創辦人 R.J. Scaringe，大家搜一下照片，R.J. Scaringe 又高又瘦，喜歡大自然、運動，畢業於麻省理工學院，而且還是素食主義者。

這種溫和又具有強大學歷背景的人設，被粉絲戲稱為「超人」，常被拿來和被稱為「鋼鐵人」的伊隆馬斯克做對比。不過相較總統不疼、工會不愛的馬斯克，R.J. Scaringe 一路可說是人緣極佳，多有貴人相助，2022 年 5 月拿下喬治亞州政府 15 億美元補貼，將興建年產能 40 萬輛的新工廠，獲得政府幫助。

Rivian 創辦人 R.J. Scaringe 有工程背景，他跟其他車廠一樣，一開始投注底盤結構，最初是想開發「通用電動車底盤」賣給車商。接下來談他的技術特性，也就是「滑板式底盤」、「智慧型駕駛系統」與「長距離型電池」。

從 2011 年開始，Rivian 公司共申請 300 多件專利。其

中，超過 200 件專利與其核心的「滑板式底盤（Skateboard）」相關。這也是 Rivian 能被福特，也就是它原來的第二大股東看中的原因。R.J. Scaringe 也有說過，未來不排除 Rivian 就靠賣電動車底盤專利賺錢。

滑板底盤很重要的一點，是因為滑板底盤上下分體式開發的特點，簡單來說就像四驅車車身和底盤是相對獨立的。因此在開發滑板底盤的時候，只要留好電氣和車體接口，上面的座艙或是車殼就能隨心所欲的設計。

而上車體之所以能夠不受滑板底盤的影響，靠的就是採用了全線控技術，整車的動力、制動、轉向、熱管理和三電

Photo by Wes Hicks on Unsplash

等模塊，統統集成在了底盤之上，從而形成了獨立的功能區，達到了上下車體解的目的。

總結起來，滑板底盤具備四大特點：
1. 整車核心控制模塊均集成在底盤上
2. 滑板底盤可以實現車體上下分離
3. 整車實現全線控
4. 底盤之上車體可以根據需求更換

但是，雖然 Rivian 的專利技術多，也受到很多人的吹捧，但是 IPO 沒多久之後就公布了慘烈的財報，對比 2021 年和 2022 年，Rivian 從剛 IPO 的歷史天價 179 元，股價腰斬再腰斬，已經來到了打 1 折的狀況。股價一蹶不振的原因，並不是他們的車沒人買，而是面臨了特斯拉之前也經歷過的「產能地獄」。

疫情、俄烏戰爭對全球供應鏈帶來了莫大衝擊，根據 Rivian 的財報數據，在 2022 年第一季度只交付了 1,227 輛新車，加上 2021 年交付的 920 新車，歷史累計交付量也才僅有 2,147 輛。

這個例子告訴我們，在金融股票市場不要盲目追高，必須先靜下來了解技術細節與真正的業績現況。

同時這也代表，由研發到試量產再到量產之間，存在極大的落差，當我們因

為研發成功而盲目的認為一定能夠順利試量產與量產，其實是不正確的。

同樣的故事，也會發生在半導體產業，我們常聽到台積電某某技術研發成功，事實上由研發轉向小量的試量產大約需要半年的時間，再由小量的試量產到大量的量產大約需要半年到一年的時間。

最後我想說的是，我很看好電動車產業，但是我認為並非所有電動車產業都有賺錢的前景，未來絕對是百家爭鳴的一條路。

在投資上，我會選擇利潤及成長性較高的電池材料、車用元件、第三代半導體，像是電池芯或者純電池製造商，**說白一點就是在中國的低價競爭之下，就不容易賺錢。**

Rivian 歷史股價

2021/11/16
USD 172$

2022/8/11
USD 38.96$

Chapter 2

半導體與台積電

Semiconductors & TSMC

2-1 三個問題，理解基本的半導體與投資

1 台灣怎麼變成半導體大島

2 不同世代的半導體材料

3 第三代半導體重要性

資源不足、地小人稠，台灣怎麼變成半導體大島的？

提到半導體，我們第一直覺就會想到台灣之光、護國神山台積電，以 2022 年全世界晶圓代工量來說，光台積電一家的市占率，就超過 52％以上，第二名的三星只占 18％，剩下的 30％產能才讓其他代工廠瓜分。而且，這還可能不是極限。

當全世界超過一半晶片來自台積電，台積電將自己變成技術供應鏈的中心，不管是智慧型手機、雲端運算、車用電子，甚至美國的戰鬥機都用上台積電晶片。由於台積電在全球半導體業的特殊地位，已捲入美中競爭，甚至變成政治上的協商籌碼。

不過，大家要知道，五十多年前，當台灣還沒進軍半導體時，日本、韓國早就開始發展，這表示，其實我們的半導體起跑晚很多。但是，我們從無到有、追趕上其他國家，甚至現在居於領先地位，到底是什麼原因？

台灣其實是從很低階的封裝

開始做的。1966 年時,高雄加工出口區引進了半導體封裝業,當時有飛利浦、德州儀器等外商,奠定了產業基礎。同時,在學術界方面,交大也在這時期建立了學術研究與人才培育的半導體實驗室,培育了許多人才。且政府成立了工研院,投入大量資源研究技術,並且共同推動的「積體電路計畫」,不僅將積體電路技術引進台灣,也翻轉了台灣的產業經濟結構。

簡單說,台灣是第一個創立積體電路專業分工模式的國家,上、中、下游產業鏈整合完整,帶動全世界積體電路產業分工的蓬勃發展。

這個市場的確愈來愈大,看起來英特爾、三星都緊追在後,那麼台積電和台灣的優勢還能維持多久呢?我認為可以持續一陣子,但是差距確實會愈來愈小,主要原因是先進製程愈往後面,難度就愈高,就像我們從 60 分要進步到 80 分很容易,但是要從 99 分進步到 100 分,那個 1 分真的太難了!

2021 Q4 全球晶片代工廠市占率

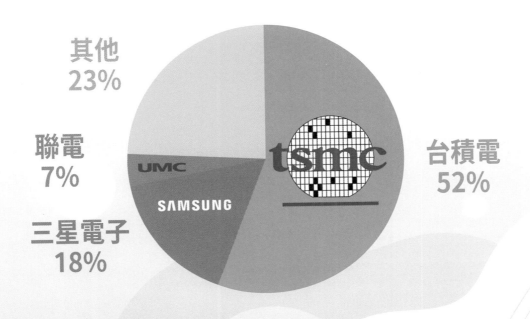

其他 23%

聯電 7%

三星電子 18%

UMC

SAMSUNG

tsmc

台積電 52%

2 第一代、第二代、第三代、第四代等不同世代的半導體材料有哪些不同的應用？

第一代半導體叫做矽，它的用途最廣，所有電子元件都可以用矽。矽作為半導體材料應用已有 60 年的歷史，因為取得容易及穩定性高，已發展至奈米級量產製程，可以愈做愈小。

不過呢，有一些條件下，矽這種材料表現不好，例如說處理電磁波的晶片，像是射頻晶片，使用在長距離的通訊就不適合，例如在 4G/5G 的手機裡就不適用。那這時候怎麼辦呢？就要改用第二代半導體，就是砷化鎵。

但是隨著電動車、新能源、無線通訊等創新發展，耐熱和耐受必須更高，第三代的碳化矽（SiC）與氮化鎵（GaN）就誕生了。碳化矽主要應用在功率元件取代部分矽製作的元件，所謂的「功率元件」（Power device）就是指處理電源（電壓或電流）轉換的元件。

此外，由於矽（Si）在高頻率的特性不佳，開關速度比較慢，造成充電器內的被動元件體積較大，這也就是我們的手機充電

各代半導體材料與應用

第1代

矽(Si)
處理器、記憶體、類比晶片、射頻晶片、電源晶片、感光元件

矽鍺(SiGe)
處理器(部分結構)、射頻晶片、感光元件

第2代

砷化鎵(GaAs)
射頻晶片、感光元件、發光元件(紅外光)

磷化銦(InP)
射頻晶片、感光元件、發光元件(紅外光)

第3代

氮化鎵(GaN)
射頻晶片、電源晶片、發光元件(藍紫光)

碳化矽(SiC)
射頻晶片、電源晶片

不同半導體材料與元件的特性

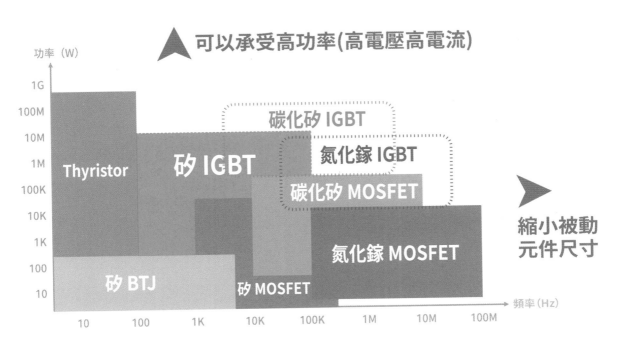

器體積很大的原因,所以氮化鎵也可以應用在功率元件,取代部分矽製作的元件來縮小充電器的體積,這樣以後我們要把充電器插到插座上,就不會再卡卡的囉!

通常世代愈後面,代表相對較進步,世代前面代表相對較落後,因此後面世代會取代前面世代的產品,例如:第四代(4G:4th Generation)行動電話會完全取代第三代(3G),但是在半導體材料上卻不同,因此把碳化矽與氮化鎵稱為「第三代」半導體,的確容易讓人誤以為第三代會完全取代第二代的砷化鎵

和第一代的矽。

實際上,碳化矽只會取代部分矽製作高電壓的功率元件,應用在電動車、太陽能逆變器等;氮化鎵只會取代部分矽與砷化鎵製作射頻元件,應用在基地台、衛星、雷達等,或是取代部分矽製作低電壓的功率元件,應用在充電器,並不會完全取代。或許把它稱為「第三類」半導體比較不會引起大家的誤會。

但是碳化矽與氮化鎵的確比較進步,以高電壓的特性來說,第三代的碳化矽的確是優於第一代的矽;以高頻率的特性來說,第三代的氮化鎵的確是優於第

一代的矽與第二代的砷化鎵，要完全取代不是不行，只是價格太高沒有必要。

另外，還有第四代的氧化鎵和鑽石。這些其實都是部分替代，並不是全部替代。不是說第四代就完全替代第一代，雖然已經有日本的廠商說可以量產第四代，但是到現在為止，第三代的產值還不到全球半導體總產值的5%，到第四代還未有應用。

我想強調的點是，第一代半導體矽晶圓製作比較容易，但困難的是先進製程，台積電在多年的努力後目前保持領先。

然而，第三代半導體的碳化矽晶圓，在製作上非常困難，連基板都做不出來，就不必談在基板上製作元件，目前只能買別人的晶圓來製作元件。

碳化矽長晶比的是基礎工業，然而台灣向來不重視基礎工業，在碳化矽產業的發展更是困難重重，因此政府應該投入更多資源，重視台灣的基礎工業如：材料、機械、光學、化學、物理等領域的發展才是。

台灣的第三代半導體廠商

基板	IC 設計	IC 製造		封裝
太極	立積	穩懋		典琦
中美晶	朋程	中美晶相關 宏捷科 全新光電 茂矽	漢民 嘉晶	聯鈞光電
鎵聯通		世界先進 台積電	富采 環宇 -KY 晶城半導體	

3 在投資市場裡，有不少人都在談第三代半導體，甚至有人說「得第三代半導體者得天下！」但是，現階段看起來，它還不到全半導體總產值的 5％，真的會在應用上出現大規模的差異嗎？

台積電董事長劉德音對於台下聽眾問及第三代半導體發展時，他的回答是：「第三代半導體產值偏小，無法與矽基（silicon base）半導體相比，不過在汽車有應用，是特殊技術。」

只有不到 5% 的市占率，為什麼現在會有人說「得第三代半導體者，得天下」？其實這裡面有一個關鍵，傳統的第一代半導體，或者第二代半導體的成長性已經不大，因為它們的市占率太大了。

大家都知道，我們買股票是要買「會成長的股票」。第三代半導體畢竟剛出來，成長空間大，股票就比較有上漲的空間。

第二個原因，電動車產業會快速成長，而電動車裡最重要的，就是電壓電流的轉換，這是傳統燃油車中沒有的板塊，原本是 0 的市場，突然會往上增加，不管是電動車、充電樁等，未來成長率是有機會大幅跳躍的，才會有這樣的說法。

台積電雖然目前先進製程獨步全球，但是其中的兩大隱憂包括先進設備、特用化學品主要都仰賴歐美日等國的進口，我國產業在相關產品的供應上仍相對不足。

所以也要提醒投資人，不要被台積電在晶圓代工目前成就沖昏了頭，而且它的供應商都掌握在美國人手上，在這個產業賺走大部分錢的也都還是美商，因此我也建議要積極發展半導體設備、材料的國產化，就算是從中低階的產品開始做起也不晚。

2-2 三個問題，理解 台積電 2 奈米、3 奈米及 最強競爭者英特爾

1 台積電的 奈米製程

2 3 奈米、N3 和 N3E 差異

3 英特爾和台積電 的製程差異

台積電的奈米製程是什麼？

我們將電的主動元件（二極體、電晶體）與被動元件（電阻、電容、電感）縮小以後，製作在矽晶圓或砷化鎵晶圓上，稱為「積體電路」（IC：Integrated Circuit），其中「堆積」（Integrated）與「電路」（Circuit）是指將許多電子元件堆積起來的意思。

當你將電子產品打開以後，可以看到印刷電路板 PCB，如右上圖所示，上面有許多長得很像

「蜈蚣」的積體電路（IC），積體電路的尺寸有大有小，我們以處理器為例，邊長大約 20 毫米，上面一小塊正方形稱為「晶片」或「晶粒」，晶片邊長大約 10 毫米，晶片上面密密麻麻的元件稱為「電晶體」，電晶體邊長大約 100 奈米，而電晶體上面尺寸最小的結構稱為「閘極長度」大約 10 奈米（nm），這個就是我們常聽到的台積電「10 奈米製程」。

48

印刷電路板解釋奈米

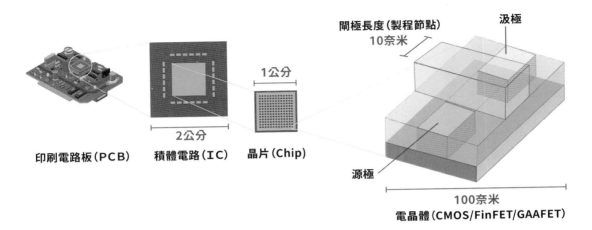

印刷電路板（PCB）　積體電路（IC）　晶片（Chip）

2公分　　1公分

閘極長度（製程節點）
10奈米

汲極

源極

100奈米
電晶體（CMOS/FinFET/GAAFET）

10 奈米到底有多小呢？細菌大約 1 微米（病毒大約 100 奈米，1,000 奈米等於 1 微米）。換句話說，人類現在的製程技術可以製作出只有病毒 1/10（10 奈米）的結構，厲害吧！

但是現在的技術愈做愈進步，所以連 3 奈米，甚至 2 奈米都要出來了。

那麼，什麼是場效電晶體（FET：Field Effect Transistor）呢？

電晶體的種類很多，先從大家耳熟能詳的「MOS」來說明。MOS 的全名是「金屬－氧化物－半導體場效電晶體」（MOSFET：Metal Oxide Semiconductor Field Effect Transistor），構造如圖右所示，左邊灰色的區域叫做「源極」，右邊灰色的區域叫做「汲極」，中間有塊金屬（紫色）突出來叫做「閘極」，

閘極下方有一層厚度很薄的氧化物（綠色），因為中間由上而下依序為金屬（Metal）、氧化物（Oxide）、半導體（Semiconductor），因此稱為「MOS」

MOSFET 的工作原理很簡單，電子由左邊的源極流入，經過閘極下方的電子

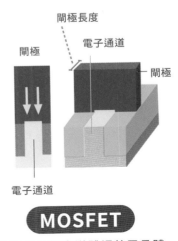

閘極長度

電子通道

閘極

閘極

電子通道

MOSFET
金屬氧化物半導體場效電晶體

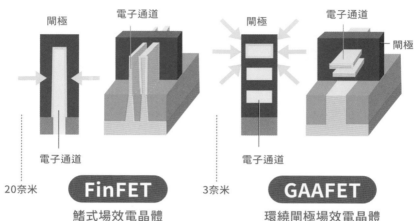

奈米製程技術說明

闸極　電子通道　闸極　電子通道
　　　　　　　　　　　　　　　　　闸極

20奈米　**FinFET**　3奈米　**GAAFET**
　　　鰭式場效電晶體　　環繞閘極場效電晶體
電子通道　　　　　　電子通道

通道，由右邊的汲極流出，中間的閘極則可以決定是否讓電子由下方通過，有點像是水龍頭的開關一樣，因此稱為「閘」；電子是由源極流入，也就是電子的來源，因此稱為「源」；電子是由汲極流出，看看說文解字裡的介紹：汲者，引水于井也，也就是由這裡取出電子，因此稱為「汲」。

MOSFET 是目前半導體產業最常使用的一種場效電晶體（FET），科學家將它製作在矽晶圓上，是數位訊號的最小單位，我們可以想像一個 MOSFET 代表一個 0 或一個 1，就是電腦裡的一個位元。

電腦是以 0 與 1 兩種數位訊號來運算，我們可以想像在矽晶片上有數十億個 MOSFET，就代表數十億個 0 與 1，再用金屬導線將這數十億個 MOSFET 的源極、汲極、閘極連結起來，電子訊號在這數十億個 0 與 1 之間流通就可以交互運算，最後得到使用者想要的加、減、乘、除運算結果，這就是電子計算機或電腦的基本工作原理。晶圓廠像台積電、聯電，就是在矽晶圓上製作數十億個 MOSFET 的工廠。

「閘極長度」（Gate length）大約 10 奈米，是所有構造中最細小也最難製作的，因此我們常常以閘極長度來代表半導體製程的進步程度，這就是所謂的「製程節點」（Node）。閘極長度會隨製程技術的進步而變小，從早期的 0.18、0.13 微米，進步到 90、65、45、22、14 奈米，到目前最新的製程 10、7、5 奈米，甚至未來的 3 奈米。當閘極長度愈小，則整個 MOSFET 就愈小，而同樣含有數十億個 MOSFET 的晶片就愈小，封裝以後的積體電路（IC）就愈小，最後做出來的

手機就愈小囉！

台積電第一個 3 奈米製程節點 N3 在 2022 年下半年開始量產，預計還會陸續推出其他 4 種 N3 節點的延伸製程，共計將有 5 個製程，包括：N3、N3E、N3P、N3S 以及 N3X。

台積電表示，他們的 2 奈米，在相同功耗下，將會比 3 奈米速度增快 10~15%；或在相同速度下，功耗降低 25~30%。此外，2 奈米平台涵蓋高效能版本及小晶片整合解決方案，預計 2025 年開始量產。

2 台積電的 3 奈米、N3 和 N3E 有什麼不同？

台積電 N3 技術將有四種衍生製造工藝 ——N3E、N3P、N3S 和 N3X，所有技術都將支援 FinFlex™ 技術，極大化增強了設計靈活性，並允許客戶自己排列組合，針對性能、功率和面積目標，做出他們想要的最佳優化鰭配置，而且都是做在同一個晶片上。

意思就是說，當開發人員需要以性能為代價並節省功耗時，他們會使用雙閘極單鰭 FinFET。但是，當他們需要在晶片尺寸和更高功率的權衡下最大限度地

印刷電路板解釋奈米

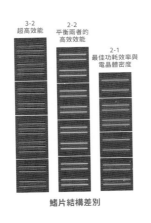

鰭片結構差別

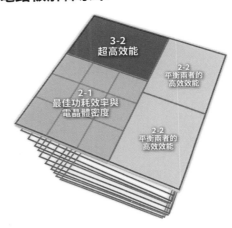

提高性能時，它們會使用三閘極雙鰭電晶體。當開發人員需要平衡時，他們會選擇雙閘極雙鰭 FinFET。

那麼，N3 和 N3E 有什麼差別呢？N3E 其實是因應客戶需要更有價格競爭力的產品，所開發出來的，其中就是少了四道 EUV 的光罩，也降低了成本。

台積電有說，等它們準備好生產 2 奈米時，就會轉向奈米片（Nanosheet）晶體管技術，與英特爾和三星宣布要使用的技術是差不多的。奈米片是種環繞閘極（GAA）晶體管，有浮動晶體管鰭、閘極圍繞所以得名。之前英特爾宣布 RibbonFET 計畫，技術就類似奈米片。

的確在量產時，新技術有可能會容易出問題。台積電的做法就比較不那麼激進，它們內部是這樣說的：「3 奈米製程會是受歡迎節點，並是長節點，將會有大量需求。但是從 3 奈米到 2 奈米，因電晶體架構，奈米片對提高節能和計算效率有獨特優勢，觀察客戶產品，要求計算性能更高節能效果者。到時候，台積電會與 2 奈米製程一起銷售 3 奈米製程。」

各位如果去查詢台積電的專利，會發現它的 GAA 專利，其實是比三星多出很多，意思就是說台積電跟英特爾也都在做 GAA，不過它們還在研發階段，沒有量產而已。總之，最後的決戰點，就是在 2 奈米的製程！

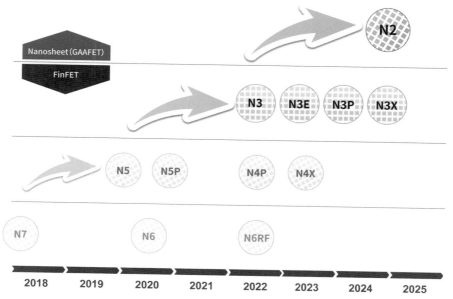

台積電先進製程時間軸

3 目前台積電的最大勁敵英特爾的進度，到底和台積電的差距有多少？

其實英特爾的確遇到難題。這幾年它們在 7 奈米和 5 奈米的晶圓製造進度上一再拖延，主要是名稱落後，技術上並沒有落後很多。

英特爾的 7 奈米製程，相當於台積電的 5 奈米製程，原本計畫 2021 年量產，只落後台積電 5 奈米製程一年，但是 2021 年英特爾新任執行長季辛格上台後已經宣布延後到 2023 年量產，一下子落後台積電三年，而 10 奈米產能不足造成缺貨，桌上型電腦市場被超微（AMD）領先，筆記型電腦市場也岌岌可危。

目前對英特爾最有利的方式是「立刻」將中低階產品外包給台積電，以相同的製程打敗超微奪回市場，同時替自己爭取兩年時間協調晶圓廠與設計部門把先進製程的問題解決。

當然，在技術上，英特爾沒有想像中弱，季辛格是技術出身的，你可以感受到現在他就是要全力拚技術。

那英特爾的 2 奈米會有哪些

台積電 vs 英特爾先進製程量產時間表

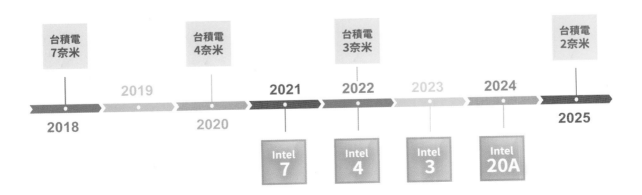

新技術呢？簡單來說，就是電源金屬柱（PowerVia），以及帶式場效電晶體（RibbonFET）兩項。

英特爾在晶圓技術上有台積電在前，處理器部分又有輝達和超微在追趕，目前看起來，是不是只是畫了一個技術路線的時間，英特爾現在規劃的每年都有一個進程，不過依照之前的狀況，延誤的機率是很高的。事實上，英特爾就延後了 5 奈米的量產。以台積電來說，是以兩年為一個節點來規劃。不過呢，不管怎麼樣，都要注意英特爾的技術研發能力，這是它們最強的部分。

另外，我想提一下，雖然技術競爭上未有定數，但是在公司管理上，不要忽略台積電在利潤上的控管，一直都比同產業的公司強。我們拿英特爾來舉例，英特爾本身一直有「成本結構性問題」，投資的設備，用了 2 ～ 3 年就要將設備賣到二手市場，反觀台積電成本結構，就算設備折舊 5 年後仍可以用個 20、30 年。這也是競爭力的一環，不可小覷。

2 奈米以下製程名稱差別

台積電 / Nanosheet FET

英特爾 / Ribbon FET

三星 / GAAFET

FinFET
鰭式場效電晶體

GAAFET
環繞閘極場效電晶體

電子通道
閘極

2-3 三個問題，理解先進封裝的演進：台積電為什麼要自己做封裝？

1 台積電為何要自己做封裝

2 台積電的先進封裝技術為何

3 和英特爾的差異

台灣的晶圓產業鏈分工細緻，台積電為何要自己做封裝呢？

早期的晶片封裝，大多是請封裝廠製作，例如：台灣的日月光、韓國的艾克爾、中國的江蘇長電。但是現在晶圓愈做愈小，封裝難度愈來愈高，封裝廠跟不上，所以台積電決定自己做封裝！

早在 2011 年，台積電當時先進封裝的負責人余振華就說過：「封測廠已經跟不上晶圓代工的腳步了，摩爾定律都開始告急了，我們與其在裡面乾著急，不如做到外面去。」

在 2011 年第二季度的法說會上，當時的張忠謀公開了台積電的先進封裝進度。他提到台積電已經減小了晶片體積和功率，提升了記憶體頻寬和系統速度。

封裝廠跟不上是一個狀況，但是你真的要問台積電為何要做先進封裝的答案是，這是個能「一條龍」服務高階的客戶最好方法。

你看，世界上最好的品牌幾乎

傳統封裝 vs 晶圓級封裝

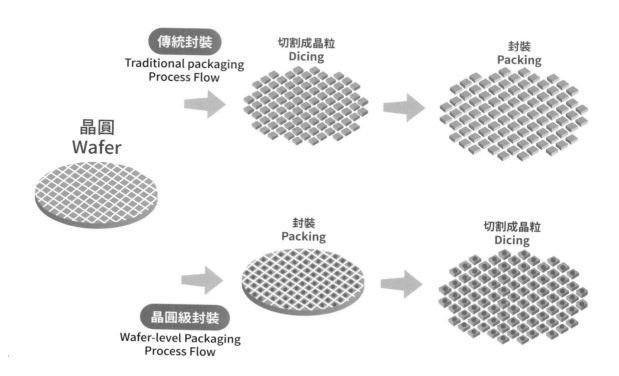

傳統封裝
Traditional packaging
Process Flow

切割成晶粒
Dicing

封裝
Packing

晶圓
Wafer

封裝
Packing

切割成晶粒
Dicing

晶圓級封裝
Wafer-level Packaging
Process Flow

都找上台積電了，台積已經有這些客戶，如果想要保有這些客戶，它肯定要想辦法把對方交付的工作做到極致，對吧？晶圓的良率已經很好了，還有什麼可以更好？它們的答案是「先進封裝」。

先進製程發展到 3 奈米以下，成本太高會是個難以克服的問題，最後會持續跟進的客戶一定會變少，能再增加客戶忠誠度及提高技術門檻的方法，就是先進封裝，因此**我們甚至可以預期未來先製封裝會比先進製程還重要**，台積電未來仍然會發展 2 奈米，甚至 1 奈米的先進製程，但是這個主要是滿足部分客戶的需求，同時證明自身技術能力的高大上，具有宣示意味，但是大部分客戶可能都是下單以 5 奈米、3 奈米製程做晶片，再用先進封裝達到縮小積體電路的目標。

事實上，隨著摩爾定律臨近極限，先進封裝已成為提高晶片性能的重要路徑之一。不只台積電、英特爾和三星都在大幅拉高先進封裝的資本支出。

知識點 *Knowledge Point*

「先進封裝」不只台積電在做，事實上，根據市調機構 Yole Developpement 統計，英特爾 2021 年在先進封裝資本支出大幅領先，可見其著墨之深。台積電、日月光投控及三星則緊追在後，前四大廠資本支出合計市占高達 85%。

2021 先進封裝資本支出

2 台積電的先進封裝技術如何？

台積電在 2.5D 封裝已推出 CoWoS 及 InFO 等技術並已進入量產，去年 3D 封裝資本支出達 30.49 億美元位居第二，將擴大系統整合晶片（TSMC-SoIC）中多種 3DFabric 平台的 WoW（晶圓堆疊晶圓）及 CoW（晶片堆疊晶圓）先進封裝技術推進及產能建置。

我們可以看到很多像積木一樣的堆疊，以及在堆疊中產生的新技術。是不是很像晶圓的平面競爭變成 3D 立體的競爭呢？

總而言之，先進封裝的概念很簡單，就是先進製程太難做了，那我就想辦法用剪刀跟漿糊，把所有的晶片黏在一起，目標就是黏在一起縮小！

台積電先進封裝布局一覽

台積電的先進封裝布局				
先進封裝平台	3DFabric 平台			
製程區分	後段 3D 先進封裝		前段 3D 晶片堆疊	
封裝技術名稱	InFO (Chip First)	CoWos (Chip Last)	TSMC-SoIC（系統整合晶片）	
			WoW	CoW
技術名稱	整合扇出型封裝	基板上晶圓上晶片封裝	晶圓堆疊晶圓封裝	晶片堆疊晶圓封裝
封裝結構分類	2.5D/3D IC	2.5D/3D IC	3D IC	3D IC
產量 / 認證時程	已量產	已量產	完成認證	完成認證

2.5D 封裝與 3D 封裝

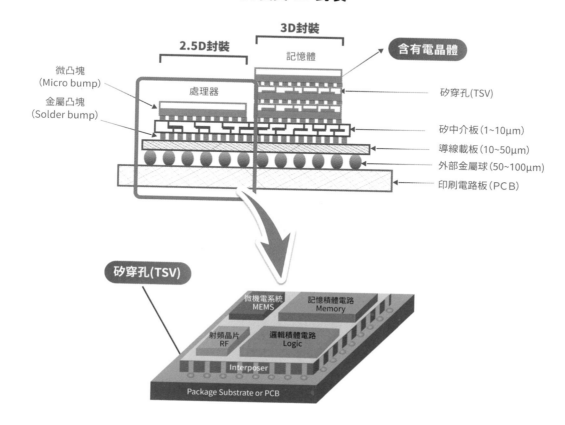

58

3

再來談談英特爾的先進封裝,和台積電有什麼不同?

　　我常說英特爾在先進製程落後台積電,但是在先進封裝上面,我認為英特爾並沒有落後,可以說兩間公司是並駕齊驅。所以它們的戰場,從先進製程一路打到先進封裝。

　　英特爾去年在 2.5D / 3D 封裝資本支出達 35 億美元,主要投入 Foveros 及 EMIB 等先進封裝技術研發及產能擴建。

　　英特爾認為 3D 封裝能延續摩爾定律,給予設計人員橫跨散熱、功耗、高速訊號傳遞和互連密度的選項,最大化和共同最佳化產品效能。

　　為了讓生態系能夠從先進封裝當中受益,英特爾也呼籲廠商在先進封裝不要各做各的,希望促成混合鍵合小晶片(chiplet)生態系。

　　台積電在成本的控制上可能最大的競爭對手是三星,但在技術上最大的競爭對手還是英特爾。在先進製程這一條道路上,

台積電必須兢兢業業，沒有放鬆的本錢，只要稍微放鬆，馬上會被競爭對手追上。

現在晶圓廠投入 80% 的心力在先進製程，只有 20% 是先進封裝，但是過了 3、5 年之後，這個比例就會慢慢倒過來，我認為先進封裝甚至會超越先進製程，變成晶圓廠很重要的技術跟營收來源，這個趨勢在未來會愈來愈明顯。

英特爾先進封裝技術

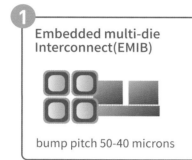
1 Embedded multi-die Interconnect(EMIB)

bump pitch 50-40 microns

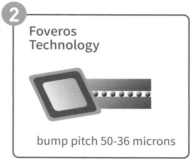
2 Foveros Technology

bump pitch 50-36 microns

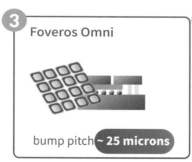
3 Foveros Omni

bump pitch ~ 25 microns

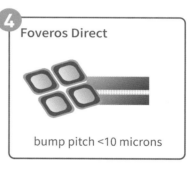
4 Foveros Direct

bump pitch <10 microns

知識點 *Knowledge Point*

當半導體製程持續演進，環境條件控制及潔淨化就會更重要。傳統封裝尺寸較大，所需的潔淨度是 1 萬級，1 萬級就意味著每立方米大於 0.5 微米的顆粒數要低於 1 萬，而 100 級的話就是要低於 100，相差 100 倍。

因而原有封裝廠的潔淨室環境是無法實現這一要求的。未來先進封裝廠的升級方向，會逐漸向晶圓廠的要求靠近，甚至與晶圓廠的要求一致。所以，封裝廠勢必要重新考量環境和建廠的優化，建廠相關的投資，是不是也該注意呢？

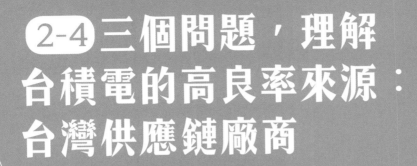

2-4 三個問題，理解台積電的高良率來源：台灣供應鏈廠商

1 台積電的態度轉變　　**2** 已在地化的技術　　**3** 供應鏈廠商介紹

1 台積電這幾年來增加了許多在地採購、積極扶持許多台灣的廠商納入供應鏈，這跟前幾年的狀況似乎不太相同，為什麼會有這樣的轉變呢？

台積電對外是說這樣做是基於企業社會責任，不過我是這樣看。

1. 美中貿易戰

「美中貿易戰」造成各國的半導體保護主義抬頭，把原先已經全球化的供應鏈打斷了。就像華為事件一樣，台積電被美國禁止再賣貨給華為，造成訂單的損失。為了貿易戰，今天訂單可以斷，材料可不可以斷？如果你的材料提供者是敵對國，它有沒有可能不再供應給你？那生意還要做嗎？

這跟台積電一貫以來，想要低調做一個「全世界的供應商台積電」的概念不一樣。半導體產業

目前不僅是台灣經濟命脈，甚至在美中科技戰下，變成了台灣在談判外交資源的籌碼。找台灣的廠商自己做，確實比較能降低政治色彩。

2. 疫情關係

2020 年時由於疫情造成港口壅塞，國外許多供應鏈斷貨，科技材料的在地化比重增加了。這個不只是台積電，連歐洲、日本和中國都是。歐盟希望到 2030 年之時，歐洲的半導體製造能占全球半導體製造 20%。日本則是投入 2,000 億日圓來振作整個日本半導體產業的供應鏈。當每個人都想要在自家做的時候，材料更不可能大量且穩定的出口。

有人問我，這樣會不會造成台積電在幾年後要一次面對許多國家級敵手？

我覺得相對來說很困難。先進製程不存在彎道超車。各國政府不僅要先投資

鉅資，5 年內每年花費至少 300 億美元，才有可能買到入場券。至於想要馬上趕上台積電和三星？還要看半導體人才能否到位。就中國而言，還會受到美國半導體設備及晶片管制禁令的阻礙，更難以買到入場券。

3. 企業祕密問題

如果三星和台積電用同一個材料商的時候，會不會讓對手得知自己的祕密武器呢？如果是用我們本土且扶持的材料商時，是否配合度能更高？

當然，半導體製程需要非常精確，想要加入台積電供應鏈，對台廠供應商來說，真的是艱辛又嚴格。像是 ASML 或者 AMT 這些國際大廠，跟台積電一起調整的時間，應該不只是幾個月的事，而是長達幾年才累積出來的。如果是小廠，一下子投入大量人力與資本，三、五年內不見得能回收投資，是否能生存下來？

不過，這有一個扶持的過程。台積電會提供協助、顧問服務，甚至請學校教授親臨查訪、提供建議。但是要求和檢查也是很多的。

不過和台積電合作等於是一個升等成國際級的過程，有了認證，之後要接其他外國訂單就相對容易。

2 可否介紹已經在地化的技術呢？

第一個就是黃光微影，黃光微影就是將電路的圖案，透過已刻好圖案的光罩及光阻，「照相轉印」到晶圓的流程。當晶圓廠要把元件縮小時，必須要用照相機，全世界最大的是艾司摩爾。這個東西難度是最高的。

台灣目前還沒有能力做照相機，但是在黃光微影過程中，需要用到光阻劑，而這個光阻劑台灣就有供應商。

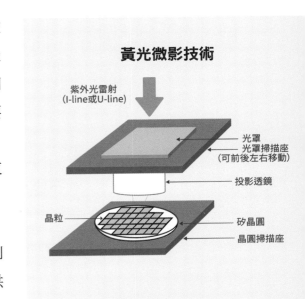

黃光微影技術

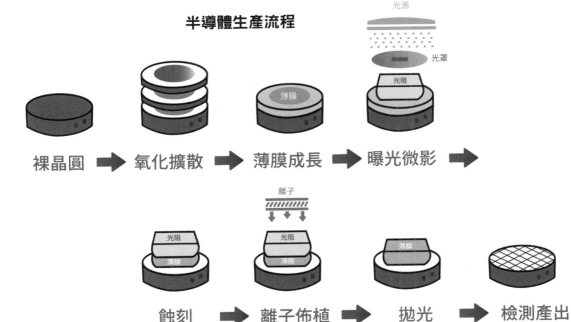

半導體生產流程

裸晶圓 ➡ 氧化擴散 ➡ 薄膜成長 ➡ 曝光微影 ➡

蝕刻 ➡ 離子佈植 ➡ 拋光 ➡ 檢測產出

第二個技術，是摻雜的技術。半導體中的摻雜，就是把不同的原子摻到矽裡，此設備稱為「離子佈植」，離子佈植時會用到氣體，還有相關的檢測設備、製程設備，這算是台灣有跨進去的。

離子佈植機

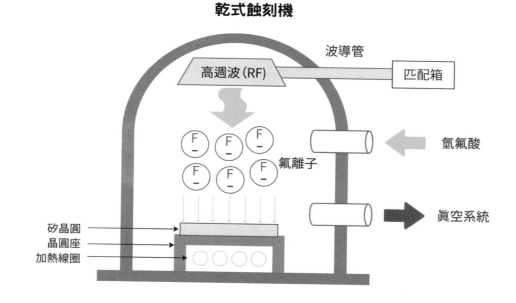

第三個技術，就是蝕刻。蝕刻就是把矽晶片上不要的部分，用化學藥品氣體或液體溶解掉。

乾式蝕刻機

　　第四個技術就是薄膜成長。我們一直強調，在半導體矽晶片上做材料，就是要長薄膜，可以用到各種化學氣相沉積的設備。

薄膜成長

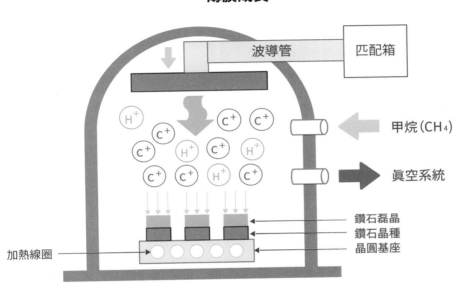

　　那麼第五個技術，是化學機械研磨。晶圓上不平的地方怎麼解決呢？就是用一個研磨機把它磨平。這個設備算是半導體設備裡門檻比較低的。

化學機械研磨機

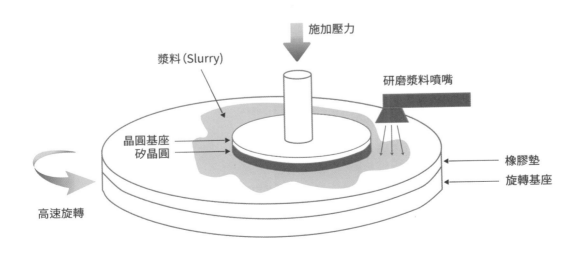

3 能否介紹供應鏈的廠商？

特用化學

其實在半導體製程內，特用化學品是非常重要的。

比如永光是做光阻劑，光阻劑在黃光微影裡，主要是跟紫外光反應，跟紫外光反應之後，化學鍵打壞就可以去除，這樣就可以把圖形從光罩轉移到矽晶圓上。

目前，大部分是出貨給面板廠，當然它也積極的跨進半導體的市場。另外它也有出研磨液。

再來，例如像台特化，主要是做氣體，其中最重要的就是矽乙烷跟矽丙烷，這兩個氣體相對矽甲烷的反應溫度比較低，適合先進製程，它的溫度不會太高，才不會造成破壞。

其實氣體不容易做，部分氣體有容易爆炸的問題，台特化本來是一家快要倒閉的公司，是被中美晶救起來的。

另外還有三福化工，三福化有非常多氣體或液體類的產品，大都是用在半導體的相關製程裡。

光阻劑的應用

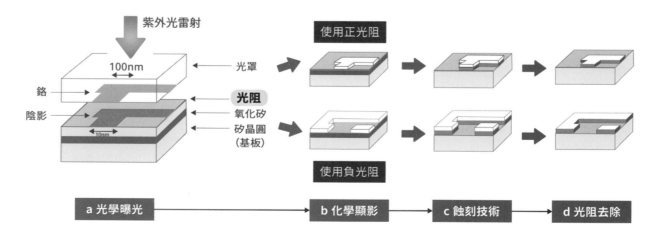

台特化：矽乙烷、矽丙烷

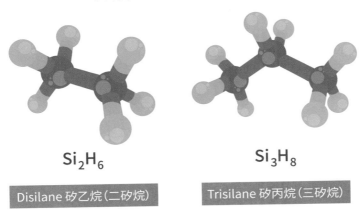

$$Si_2H_6$$

$$Si_3H_8$$

Disilane 矽乙烷 (二矽烷)

Trisilane 矽丙烷 (三矽烷)

台灣半導體供應鏈廠商

特用化學品

永光化學	三福化	台特化
微影製程中所需要的「光阻劑」	精密化學品包含顯影劑、蝕刻液、剝離液、稀釋液等新興化學TMAH回收工程及再製程顯影液	半導體特氣與化學材料之專業開發製造商

材料

最有名的當然就是環球晶，它是做矽晶圓的材料，不只做得好，還做到全世界前三大。

另外還有光洋科，做的是靶材回收，是把長薄膜用的靶材用完後，剩下來的廢料收回來，重新製成高純度的靶材。

第三個就是達興材料，它做了滿多不同的塑膠類材料，常用在晶圓製程、面板製程的絕緣。

第四個就是晶化科技，它是台灣第一家做先進封裝相關的材料，包含各位常常聽到的導線載板 ABF 這一類的材料，它們也能夠提供。

大家特別注意喔，這些先進材料雖然是塑膠類的材料封裝，但是以前大部分都是進口，尤其是日本。所以，這對台灣的廠商真的是大躍進！

材料

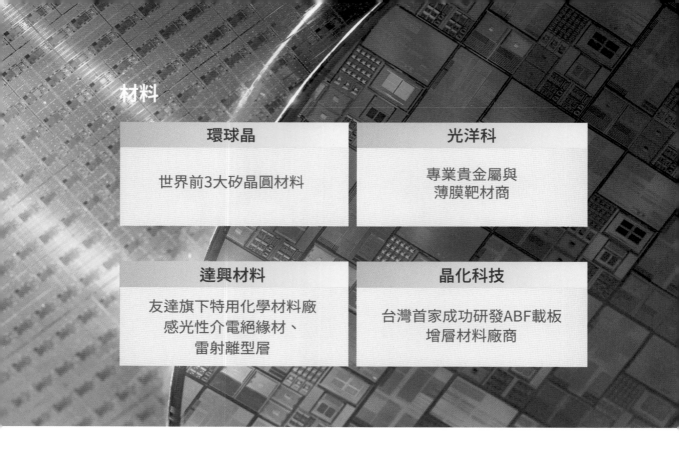

環球晶	光洋科
世界前3大矽晶圓材料	專業貴金屬與薄膜靶材商

達興材料	晶化科技
友達旗下特用化學材料廠感光性介電絕緣材、雷射離型層	台灣首家成功研發ABF載板增層材料廠商

設備廠商

講到設備，大致分兩種，一種是廠務，一種就是製程。

台灣的製程設備廠商還滿多的，例如弘塑是做濕製程相關的設備，濕製程就是在半導體廠裡做蝕刻或清潔。

再來就是萬潤，它做了很多封裝相關的機器，我們不是才說先進封裝，就是用剪刀漿糊把晶片堆起來嗎？點膠機這類的就是漿糊。

光學系統

光學系統用在半導體的機率非常高，但是大部分的雷射，尤其高功率雷射都是進口的，直到前一陣子，台灣終於有第一家公司：騰錠雷射。

它們是做高功率的半導體製程或者檢測用的雷射，先進製程也需要用到「飛秒雷射」來切割，用飛秒雷射切割切出來的東西不會有毛邊。

另外一家公司米雷迪恩，也是同屬於高功率雷射，可用以顯示面板修補、硬脆材料如玻璃、陶瓷等的鑽孔與切割，且目前蘋果（Apple）推出新款手機所採用的面板異形切割，也可藉由此類雷射技術完成。

這兩家都是屬於光學系統裡面比較上游的高階零組件，難得台灣有這樣的公司，大家可以留意。

2-5 三個問題，理解台積電的三大隱憂

1 競爭者　　**2** 地緣政治問題　　**3** 技術外流風險

1 請談談台積電的競爭者

說到目前晶片代工，英特爾、台積電、三星，都擁有頂級工藝，我們先從純代工台積電和三星來看起。兩家企業都是全球企業需要晶片時的首選，兩家都有能力達到先進製程。三星 2021 年在半導體部分的銷售額為 823 億美元，超越英特爾的 790 億美元，成為全球最大半導體企業。但在市占率、毛利率卻差台積電一截。

我們可以從下一頁的表格上看到三星的毛利率較低。原因可能出在三星的低價搶單策略。根據供應鏈廠商的訊息，三星過去在同等級製程的報價，幾乎都是台積電打 7 折左右的程度，且台積電是整片晶圓來報價，三星因良率不佳，為留住客戶，切割出來的好晶片才收取代工費用，要有漂亮的毛利率就更不容易了。

而且根據韓媒報導，三星代工高通的 Snapdragon 8 Gen 1 的良率僅為 35%。另一方面，

台積電 vs 三星毛利率

	台積電	三星
2022 Q1毛利率	**55%**	**24%**
2022 Q1營收	175.29億美元	53.28億美元
2022 Q1年市占率	54%	16%
主要客戶	蘋果、高通、輝達、AMD、英特爾、賽靈思	Google、高通、IBM、輝達、三星手機、特斯拉

台積電在同一晶片組的生產良率卻高達70%。

其實，三星和台積電纏鬥滿久了。要知道台積電起步其實比三星晚很多，最初的晶片製造市場，是由三星和英特爾兩者共同瓜分的。但是最後卻讓台積電突圍，這跟它們兩者的定位不同，有很大的關係。

在發展的初期，張忠謀就為台積電選擇了明確的發展路線，也就是：只做晶片製造。所以一開始的台積電，拿到了英特爾的低階訂單，並沒有直接進入高端晶片市場。

那時候，蘋果手機是由三星代工的，後來 2010 年，三星推出了第一代 Galaxy 手機 Galaxy S。看到 Galaxy S 照片時，蘋果內部當即傻眼：這功能和 iPhone 未免也太像了吧！蘋果一邊狀告三星侵權，一邊還是要下單給三星，所以蘋果就只能偷偷找晶圓代工廠的備胎，台積電就在這時抓住了機會，一舉拿下了蘋果手機晶片的代工訂單，創造了史上銷量最好的 iPhone 6。後來台積電才有機會和高通及華為等公司合作，成為全球市值最大的半導體公司。

不過，三星仍舊有許多台積電無法企及的優勢：

1. 韓國以國家之力在扶持

減稅，政府全力支持三星，讓三星在價格上很有競爭力，這個是對台積電最

大的威脅,要比韓國政府有錢還是台灣政府有錢,這個我們討不到便宜。

2. 三星的 IC 設計+晶圓製造

主要在三星提早台積電兩年投入 GAA 量產,把大量資源投入新型態的電晶體,未來進入 2 奈米大家都必須使用 GAA,三星擁有比台積電早兩年的製程經驗。

另外一個也擁有高階製程實力的對手英特爾。英特爾 CEO 季辛格在科技論壇中表示,英特爾在領先數十年後,「有些傲慢,有些自負」,但「英特爾現在正急起直追,我們將在四年內完成五個製程節點。」

從技術的角度看,英特爾才是台積電最大的競爭對手,除了英特爾雄厚的基礎工業支援,再加上美國政府在背後提供補助,所以後勢不可小覷,目前台積電領先比較明顯的還是良率,良率的提高除了對先進製程的掌握,更重要的是供應鏈的支援,英特爾也發現自己的良率問題可能和供應鏈有關,因此最近也聯繫台積電供應鏈。

營收方面來說,英特爾最近大舉投資在世界各國建新廠,一定會搶走部分台積電的市場份額,至於能搶走多少有兩個觀察指標,一個是價格,如果世界各國政府的補助不足以降低英特爾的價格,那英特爾就不容易搶走台積電的客戶;另外一個是兩岸和平,如果兩岸劍拔弩張,客戶考量分散風險一定會把部分產品轉移到其他地方生產,因此兩岸和平對台積電乃至於台灣的經濟非常重要。

2 自從俄烏戰爭以來，台積電的股價一直掉，即便營收創新高也是如此。外資對於此戰引發台海戰爭有一定的聯想。台積電還特別對外徵才，徵政治學博士的人才，可見當台積電成為國際級企業，手中商品又被各國視為戰略資源時，地緣政治問題也會變成台積電的課題。

從日本、美國、歐洲都開始邀請台積電到海外設廠，我們就知道了，其實不只外資憂慮，各國都很擔心。擔心萬一真的台海局勢不穩，哪一天自己的晶圓供應鏈斷貨，造成手機買不到、車子飛機動不了，甚至飛彈都打歪了。

而且，台積電到各國設廠不僅是供應問題，更是政治問題。美中貿易戰開打後，全球地緣政治風險快速升溫，雖然張忠謀曾多次點出到美國設廠，成本會高出三成以上，但是台積電還是拍板赴美。原因很簡單，仍在於複雜的地緣政治角力考量。

其實台積電在多年前就延聘克里夫蘭（Peter Cleveland），擔任台積電全球政府事務副總裁。這位先生在英特爾工作超過十年，負責在華府做政治遊說的工作，以降低當時美中貿易戰的衝擊。

從這裡，你可以看出台積電新一代接班人決策面向更寬廣。在全球晶片保護主義抬頭之下，更需要在商業決策之間，考量政治因素。

像是環球晶併購德國同業世創告吹也是因為晶片保護主義

抬頭的緣故。地緣政治因素仍是商業決策上，無法預期的一大變數，這成為台積電必須正視、深入研究的一大重點。

台積電最大的風險還是地緣政治，全球 60% 的晶片，在全世界最危險的地方生產，這也是外資狂賣台積電的原因之一，沒有所謂矽盾的說法，如果矽可以當盾，那美國就不會強迫台積電去美國設廠了！

張董事長最近一直演講說美國要台積電去美國設廠不符成本是錯的，從商業上的角度看這很合理，但是從戰略的角度看一定得要這樣做，這已經不只是成本的問題。

從 2021 年的烏俄戰爭就可以看出，未來如果台海情勢有變，美國唯一會做的是輸送武器到台灣，讓兩岸打持久消耗戰，把中國大陸消耗掉，而美國有台積電美國廠生產所以沒有問題，到時候可能還會有一堆台積電優秀的工程師爭先恐後申請綠卡全家移民美國，台積電美國廠還會擴廠，全球晶圓代工從台灣轉移美國，台積電美國廠還可能因此大賺，對美國怎麼會是壞事？

可以利用台灣消耗中國大陸，美國的軍火商還可以大賺一票，但是戰場在台灣，對我們絕對是壞事，台積電不做好準備是不行的。

3 這樣台灣半導體技術會不會有外流的風險？

台積電到美國設廠，相關的供應鏈一定也會過去，半導體去台化不是「可能性低」，而是「現在進行式」。

但是要留意，這裡的「去台化」不是技術被剝奪，被偷走。只是客戶的產品「不在台灣本土生產」，而不是「不由台灣廠商生產」。

我們要努力做到的是，客戶的產品「由台灣廠商生產」，只要把客戶留在我們手中，即使是在美國、歐洲生產，仍然可以創造台灣企業的競爭力，同時是讓台灣企業全球化的好機會。

台灣四周軍演戰雲密布，一

直都沒有斷過，全球各大客戶高層必然都討論過應對策略，如果有一天忽然高通、蘋果、輝達晶片都斷貨怎麼辦？把全部的晶片交給台灣本土代工生產是否安全？

因此「分散供應鏈生產基地」必然成為可能的選項之一，當客戶向台積電要求解決方案，台積電可以提供什麼解決方案呢？

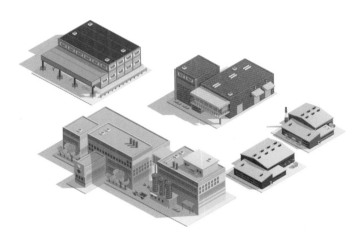

如果客戶更換不同的晶圓代工廠，例如由台積電更換到三星或英特爾，部分積體電路設計圖必須修改，延誤至少 3 到 6 個月，大部分的客戶也不會想任意更換供應商，再加上台積電的高良率與客戶建立的信任關係，是台積電最大的優勢。因此台積電到美國設廠，不只是國外客戶想要分散風險，同時也是台積電自己在分散風險，在台灣生產晶片價格低風險高，在美國生產晶片價格高風險低，讓客戶自己選擇。

那台積電到美國設廠，會不會減少台灣人才的就業機會？這個是有可能的。會與不會，不在於多少台灣員工去美國，而是取決於台灣本土人才的競爭力，為什麼台積電要把台灣人才送到美國才能確保先進製程順利量產，主要是因為台灣員工在先進製程上有很好的經驗。

另外就是我們吃苦耐勞使命必達，有人認為那是我們命苦，而我認為這個就是台灣人才的競爭力，重點是我們的教育制度是不是訓練了有競爭力的人才？如果是，那就勇敢的走出去，不要怕和國外人才競爭，這不是讓台灣人才流失，而是讓台灣人才國際化。

台積電是晶圓代工的「龍頭」，是台灣市值最大的公司，但是仍然不算「世界級」的企業，台積電創辦人張忠謀接受專訪時曾說：「我們還在努力中，我們有進步，但我們還在努力中。」而這一次台積電到美國設廠，正是讓台積電轉型為「世界級」企業的大好機會，同時帶領相關半導體供應鏈登陸歐美，順利打入全球各大晶圓廠，讓台灣半導體供應鏈國際化的機會。

Chapter 3

區塊鏈與元宇宙

Blockchain & The Metaverse

3-1 三個問題,理解基本的元宇宙與投資

1 元宇宙是什麼　2 AR、VR、MR 眼鏡的差別　3 值得關注的企業

1 元宇宙是什麼?對我們有什麼影響?

不知道大家有沒有看過《阿凡達》呢?主角是不是有一個阿凡達的分身?一般人現在想像的元宇宙,就是在虛擬空間也有一個分身,在裡面可以工作、社交、娛樂、購物等。元宇宙是一個接近現實、視覺圖像豐富的虛擬空間,可能會更有體感,你可以想像你真的「存在」一個虛擬的世界中。

這很像玩遊戲對不對?對一般沒有在玩遊戲的人來說,有什麼差別?我這樣說,如果真的出現了一個新世界,如果愈來愈多人沉浸在裡面,在裡面上課、買東西、花錢、社交、工作,會不會出現新的經濟體?電商能不能進去賣東西?房仲可不可以炒虛擬的地皮?會不會有財富重新分配的機會?那,該不該注意?

當然,你要有元宇宙,就要先有一個平台,「平台」實際上指的就是「資料中心」,然後資料中心裡面要有很多的伺服器,

這些伺服器裡要有大量的處理器，能夠處理這麼多的影像。

更重要的是，除了我們常聽說的中央處理器 CPU 之外，更重要的會是圖形處理器 GPU。元宇宙需要大量的 3D 場景，這些 3D 的場景都需要靠圖形處理器來處理運算。

第二個重點，就是元宇宙需要一個可以跟真人對應的人工智慧。主要它要能夠模擬人類的行為，然後要能跟人類對話，在自然語言處理上，AI 相關的技術就非常重要。

電影《一級玩家》的內容實際上就是元宇宙最有可能的場景，男主角是帶著 MR 眼鏡進入虛擬世界，跟人工智慧和其他玩家聊天和互動。

另外，元宇宙一定要有可以流通的貨幣，在元宇宙平台上要能消費，也要能賺錢，當然就牽扯到加密貨幣或區塊鏈的技術。

當這些新技術出現時，一定會歷經「技術採用生命週期」，一開始的使用者一定不多，相關技術的競爭，一定要熬到最後才有機會勝出。簡單幫大家列表，開展元宇宙技術需要下列三種領域的技術：

1. **元宇宙需要一個平台：資料中心、伺服器、處理器一定要有**
2. **元宇宙需要對應的機器人：模擬人類行為，人工智慧（AI）不可少**
3. **元宇宙還需要錢：區塊鍊、加密貨幣**
    以上三者缺一不可。

 知識點 *Knowledge Point*

什麼是技術採用生命週期？

　一個新的技術出現的時候，所有人不會一窩蜂立刻購買或立刻使用，我們對應到技術採用生命週期來說的話，一開始一定會先有一群是新技術的使用創新者，還有早期的使用者。

　不過，新技術要在市場上能夠生存下去，一定要跨越鴻溝，才會有早期大眾使用者進來，這能不能戰勝市場，是非常重要的關鍵。

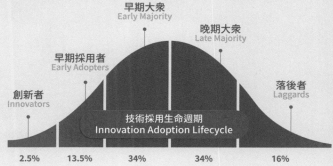

2
過去我們是用桌機上網，接下來我們用手機上網，未來我們可能是要用眼鏡或頭盔來上網。想問 AR、VR 和 MR 的差別？

所謂的 VR，中文叫「虛擬實境」（Virtual Reality），就是讓我們完全看不到真實的影像，眼前看到的全部都是虛擬的影像。

講白了，就是把原來你在電視或者手機的螢幕，直接放到眼睛前，把你整個視野蓋起來。

但是，在這一種情況下，它的應用場景就比較有限，等於是你完全看不到別的東西。

所以業界後來就開發出了

VR、AR、MR 的應用

VIRTUAL REALITY(VR)
虛擬實境

完全沉浸式體驗
一個由電腦（或模擬器）
產生的虛擬環境

AUGMENTED REALITY(AR)
擴增實境

局部沉浸式體驗
眼中所見的大部分都是真實世界，
虛擬內容（例如數位影音、文字）
疊加或者嵌入在真實世界中

MERGED REALITY(MR)
混合實境

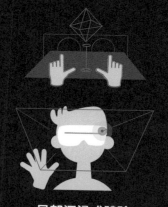

局部沉浸式體驗
VR與AR的混合，
同時加入真實世界的
互動行為反饋於虛擬世界中

AR，中文叫「擴增實境」（Augmented Reality），擴增實境的概念實際上就是虛實整合，也就是要讓我們的眼睛可以看到虛擬的影像，同時又要看到真實的影像。

用手機最容易做出的 AR，基本上就是把相機打開，透過相機做到 preview 的預視功能，看到你正前方的影像。同時，在手機上可以產生部分虛擬的影像，跟真實相機看到的影像疊合起來，這個我們就把它稱為 AR。

舉例來說，我們常看到長輩爬山時，遇見不同的植物，他們都會拿出一些 APP 對著植物一拍，然後 APP 就會立刻顯示這個是什麼植物，其實就是 AR 和 AI 辨識的結合。

後來又發展出來 MR。MR 是什麼？AR 跟 VR 其實主要都是讓你看到東西而已，但是你在看到之後，就想去摸一下、碰一下，對不對？這些手部的操作，還有你的眼睛跟螢幕之間內容的反饋，基本上都需要感測器去偵測，後來廠商就把感測器放到 AR、VR 眼鏡裡面，讓它能夠讓你一邊看到東西，一邊讓使用者跟軟體之間有互動，我們就把它稱為混合實境 MR。

3　未來，有哪些企業在元宇宙值得關注呢？

想必大家都知道 2021 年改名成 Meta 的 facebook。創辦人祖克柏在 2021 年 10 月宣布以「元宇宙」為全新的願景來發展，宣布在 5 年內將成為元宇宙公司。

不過，Meta 改名之後，股價一路崩跌，當然除了 Meta 只有發售了一個不是很舒適的 Oculus VR 頭盔之外，不論是在環境或者介面上，都還沒有實際拿出其他和元宇宙有關係的產品。

大部分企業在建設新業務的初期，不僅要做研發、成立新部門、購買設備，難免會有比較多的資本支出。

短期內 Meta 想要靠元宇宙翻身機會並不大。

反觀前幾年先將 AR 或 VR 放在工作場景上發展的微軟 Microsoft，它在 2022 年 2 月的時候，已宣布收購超級遊戲公司「動視暴雪」。

畢竟元宇宙的許多場景是從遊戲平台開始，「動視暴雪」就是魔獸世界的開發公司，擁有許多長期而且成熟的玩家，就連股神巴菲特的投資公司波克夏也買入將近 10 億美元動視暴雪的股票，可見它也是非常看好未來營利這一塊。

輝達的 CEO 黃仁勳曾經說過，如果過去 20 年科技發展讓人驚嘆的話，那麼未來 20 年會更像科幻小說。他也表示，虛擬世界的經濟規模將遠遠超越現在我們真實世界的經濟。

不過，為什麼元宇宙沒有辦法立刻起來？

基本上，元宇宙的建立，是軟體世界的整合，這需要一段長時間的調整。所以，我認為元宇宙未來的發展，會分兩個階段。

第一個階段，就是每一家公司都想要建立元宇宙，各做各的。每一個元宇宙建立之後，它就要

讓廠商能夠在上面賣虛擬的商品,所以就會有各自的應用程式商店,讓廠商來建立應用程式。這就好像蘋果手機一開始打開 APP 商店後,APP 市場群雄爭霸一樣。

那麼第二個階段,一定會整合。可能會是基金會來主導,最後的程式碼整合完之後,即便不同公司或場景,也能使用相同的程式。就好像坐飛機到各洲去旅行一樣,程式相同了,各類的元宇宙就可以互通,變成一個大一統的元宇宙,就好像我們的網際網路通訊協定一樣。

例如各位現在用瀏覽器上網,你要進臉書的網站用的通訊協定,和你要去 Google 的網站用的通訊協定是一樣的通訊協定。這個通訊協定,各位一定都知道叫做 http,因為我們在上網時都需要打這個字。

同樣的道理,將來你帶著 VR 眼鏡,要進到臉書的元宇宙,或者進到 Google 的元宇宙,都會使用相同的通訊協定。這個時候使用者就可以在不同公司的元宇宙裡面自由的流通。

這就是未來發展的方向。

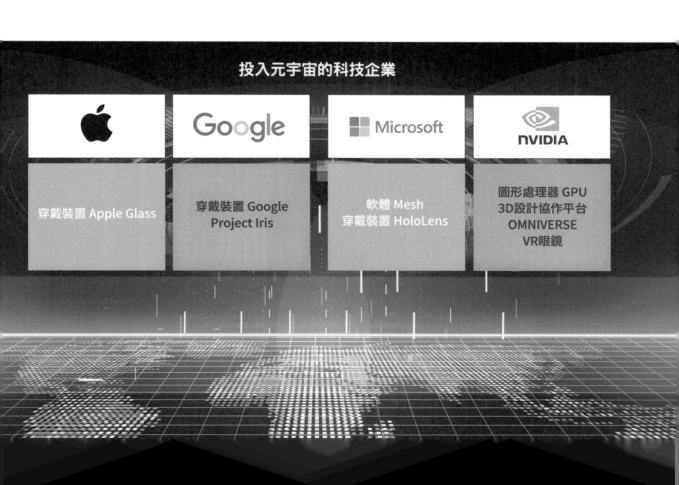

facebook 為何要改名成 Meta？

為什麼 Meta 沒有太多明確的產品，就宣布進軍元宇宙，是不是有點魯莽？從 Meta 改名前的財報感受到，2021 年第四季，全球用戶平均每天流失 100 萬戶。以前的 facebook 的獲利來源大多是廣告收入，曾和 Google 兩家公司，就包辦了全世界 50％的數位廣告，自己的廣告收入也占營收的九成以上。

但是因為蘋果（Apple）改變隱私政策，嚴重衝擊了各社群媒體的廣告業務，當 Meta 的廣告收入停止成長時，大家可以從下圖看到 Meta 的廣告營收已經無法再成長。導致公司必須要另外發掘「有成長性動能」的產品，Meta 才有可能重回市場對尖牙股的高估值期待。

所以 Meta 被迫要改頭換面，急忙改名。不過這一招，引起全球媒體超級多的曝光和討論，一下子得到很多注目，一夕之間，Meta 好像就變成了元宇宙火車頭。

其他大企業開始緊張了，就算還沒研究完，也只好跟著公布自己的元宇宙業務，以免自己研發很久的功能跟人家重複了，真的是一起被逼上梁山。

facebook 營業收入情況

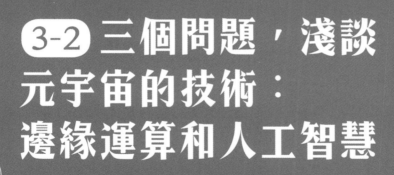

3-2 三個問題，淺談元宇宙的技術：邊緣運算和人工智慧

1 元宇宙的技術　　**2** 雲端運算和邊緣運算　　**3** 人工智慧和商業上的發展

1 元宇宙的初始，需要哪一些技術呢？

現階段的遊戲，都還離真正的元宇宙有一段距離，很重要的原因，是因為很多基礎建設還沒跟上。

元宇宙需要大量的圖像傳送，這就需要頻寬，可是我們的 5G 建設，例如管線和資料中心，現在還沒有完全到位。

再者，要建構這些 3D 世界，應用程式從你家的電腦主機搬到網路，由超級計算機集體負責運行，需要大量的雲端運算，但是 3D 遊戲對雲端運算是很辛苦的，所以一旦速度不夠快，硬體不夠好，就會發生延遲。

想要避免延遲，就需加強雲端運算和邊緣運算。

2 「雲端運算」和「邊緣運算」是什麼？

你玩遊戲的時候應該不希望卡卡的，對吧？而且，這些元宇宙型的遊戲，大部分都會強調 3D，而且很強調擴增實境（AR）、虛擬實境（VR）的技術。這些嶄新應用，需要超級多的影像分析及辨識處理能力，對於網路的低延遲和高頻寬要求就很高，需要在數十毫秒，甚至微秒時間內就要反應。

現在大多數公司都在雲端上管理、儲存和分析數據。而傳統的基礎架構和雲端運算不太能夠滿足許多實際應用程式的要

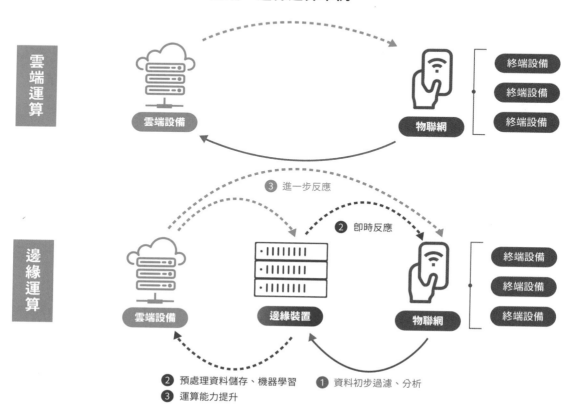

雲端、邊緣運算舉例

86

求。不只是元宇宙，在物聯網的情況下，需要具有「最小延遲的高可用性網絡」來即時處理大量數據，而這個在現有的 IT 基礎設施上是不可能的。透過網際網路傳輸往返雲端，至少需要上百毫秒才能反應過來。

所以，邊緣運算的優點就浮現出來了。在邊緣運算中，數據在蒐集源頭附近處理，因此不需要將數據傳到雲上，也會更加即時反應。

這就像假設你在台北玩遊戲，伺服器原本在彰化（雲端），玩遊戲的時候，會覺得有點卡頓，如果將伺服器搬到你台北家的隔壁（邊緣），照理來說，反應速度上是會變快的。

就像是我們在通訊上從 4G 走到 5G 的時代，因為 5G 它有一些先天的條件限制，解決的方法，就是我們多建基地台。相對來說，比較能解決傳輸上的問題。

而邊緣雲端實際上用的也是伺服器，這就意味著伺服器的數量，未來的成長空間是比較大的。

而且，你會發現，以前極力擁護雲端運算的主要雲端大廠，最近也都突然大轉變，開始重視邊緣運算，因為這些雲端廠商發現了自己的局限，驚覺只做雲端產品還不夠，所以還要推出非雲端產品，要把自己的雲端技術，建置到更靠近使用者附近的設備上。還有人開始主張，邊緣運算將會吃掉雲端運算，邊緣運算的時代正式來臨。

不只是遊戲需要，那些講究速度的網路反應，例如電動車的自駕系統等，都會很重視這一塊。我認為的未來發展還很驚人。

邊緣運算的運作原理

3　人工智慧的發展歷程和在商業上運用的可能？

人工智慧實際上是從 1950 年代就開始發展，那個時候的人工智慧，第一個階段主要是談下圍棋、玩遊戲這一類的東西。可是經過了十幾年，大家發現好像沒什麼實際的用處，所以慢慢就冷掉了。

一直到了 1980 年代，科學家開始提出一個概念，稱為「專家系統」。這是什麼概念呢？我只

要把律師、會計師、醫師的知識，全部輸入電腦，那麼電腦就擁有專家的知識。聽起來好像有道理，但是實際上，執行了 10 年後會發現，以前的電腦很笨，你問什麼，它就只答什麼，不會舉一反三。

到最後，科學家要花很多時間去整理這些知識，把這些知識分門別類放進電腦，這樣在回答的

人工智慧的歷史

```
1950  →  1960  →  1970  →
```

第一次熱潮
利用電腦針對特定問題
進行搜尋與推論

困境：
遇到複雜問題時，電腦
無法反應，被戲稱為只
能解決「玩具問題」

過程中才不會出錯。所以又慢慢冷掉了。

那麼，到了 2000 年之後，因為電腦技術愈來愈進步，相對的，大數據也愈來愈多，所以就進入了第三個階段，也就是我們常聽到的「機器學習」跟「深度學習」。

機器要學習，愈來愈像「人」一樣了，對不對？所以，我們回頭就來想，人是怎麼學習的呢？

首先，我們在學新事物時，分成兩個階段。第一個階段，就是所謂的學習或者稱為訓練。我們的大腦，用來接收到外界的訊號，包含眼、耳、鼻、舌、皮膚這些器官。接收到訊號之後收集起來，

這個就是訊號的收集。

第二個階段，大腦就會開始分析這些資料跟訊號。分析的過程，最重要的目標就是要找到這些資料的「規則」。例如，根據我們的經驗，只要溫度跟濕度達到某一個條件就會下雨，再出太陽，就可能會出現彩虹，彩虹是出現在太陽相反的方向。

注意喔，這都是我們的經驗，經驗分析後即可建立模型。

所以，接下來就進到第三階段。例如今天早上我發現有下雨，我去量溫度跟濕度，符合以上這個模型（也就是經驗），我就能預測，待會在太陽的相反

1980　　**1990**　　**2000**　— **now**

第二次熱潮
「專家系統」出現
大量專家知識輸入電腦中，電腦依據使用者問題判斷答案

困境：
「專家系統」應用於疾病診斷，但遇連續問題時，有一個判斷錯誤則會得到錯誤結果

2000-now

機器學習：
提供大數據來訓練電腦學習「特徵值」

深度學習：
提供大數據來訓練電腦自行學習並且理解資料的「特徵值」，又稱為「特徵表達學習」

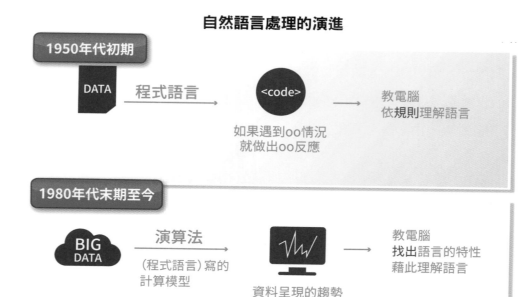

自然語言處理的演進

1950年代初期

DATA → 程式語言 → \<code\>
如果遇到oo情況
就做出oo反應
→ 教電腦
依**規則**理解語言

1980年代末期至今

BIG DATA → 演算法
（程式語言）寫的
計算模型
→ 資料呈現的趨勢
以統計機率表現
→ 教電腦
找出語言的特性
藉此理解語言

方向，會出現彩虹。

這就叫做預測未來。

同樣的道理，機器學習的第一個階段，要輸入大量的資料給電腦，電腦就透過這些資料去找出規則，這就稱為模型。利用這樣的模型，就可以去推論及預測未來會發生什麼，這稱為機器學習。

收集資料→分析→建構模型→新的資源丟進來時→根據模型預測未來。

這就是我們在電影裡常會看到的故事情節，「由人類所開發出來的虛擬人物或 AI 機器人，最後比人類還要聰明」的情節，大家都會視為是一個危機。

之前，有一位 Google 工程師認為，

Google 目前所開發的 AI 聊天機器人 LaMDA，已經有思考的意識，會感受到喜怒哀樂。但是，這是電影劇情，現實生活仍不可能發生。

事實上，LaMDA 的開發方式稱為「自然語言處理」，實際上也是用人工智慧的方式。首先要先建立一個語料庫，裡面要擁有所有的文字，或者大部分你可能會用到的文字。

接下來，就要建立文字跟文字之間相關聯的機率，例如你在一個句子裡看到「蘋果」這個字的時候，就有很大的機率會出現「紅色」、「圓形」、「甜」……等。利用這樣的方式建立了語料庫後，

當我們對電腦說話時，電腦就會分析你剛剛的句子裡有哪些關鍵字，再利用這個關鍵字，到相關的語料庫裡去搜尋最可能的相關聯文字，最後再用機率的方式，去排列組合出一個句子吐回來給你。

所以，你聽到這樣的句子，感覺好像真的在聊天一樣，這個我們把它稱為「統計自然語言處理」。

為什麼要加上「統計」兩個字？因為它是跟機率有關的，但是這個就代表電腦有意識嗎？

當然不是！它就是在玩一個排排樂的遊戲而已，但是因為現在的電腦運算速度愈來愈快，所以用自然語言處理的方式去排列組合句子，真的會讓你誤以為對方是真人。

也就是說，隨著電腦的運算愈來愈快，圖靈測試的標準該改了！

那未來電腦會有「有意識」的一天嗎？不是不可能，但是要記得，現有的自然語言處理的演算法裡，絕對沒有「意識」這件事情，不管它怎麼做都不會有。

其實現在成熟的人工智慧，不是在做「聊天」這件事，現在的人工智慧，比較像是一種資料分析技術，例如聊天機器人，你跟它講什麼，然後它就排列組合出句子回給你。

實際上，它就是一個「統計」跟「分析」的技術。

你看，這麼多自動駕駛車在路上跑，它今天看過了這麼多路上的影像之後會開始訓練它的模型，它就會知道，下一

知識點 *Knowledge Point*

圖靈測試是什麼？

圖靈測試（Turing test）是英國科學家圖靈在 1950 年提出的實驗，目的是測試「機器能否表現得跟人一模一樣」。測試內容是這樣的：如果測試者對無法確認身分的兩個對象（一人和一機器人）提出相同的問題，得到的答案，讓測試者沒辦法區分誰是機器、誰是人時，那麼就可以認定機器人通過圖靈測試，甚至是「機器能思考」的意思。

次再看到這個東西是柱子，要避開，下一次再看到人，也要避開。

或者是我們談股票，每天會有一大堆的金融數據，這些金融數據是不是都可以收集起來訓練我的模型，找出一個規則呢？這樣每天開盤的時候，我只要把今天所有的金融數據輸入之後，預測出股票會漲，還是會跌。這就像是一種投資理財的機器人。

目前的人工智慧，比較像是一種「資料分析技術」，只不過它在分析的過程中，有點像我們大腦在思考的方式而已。

我們雖然把它稱為人工「智慧」，但是要進化到像人一樣思考，那真的不是同一個等級的事，還需要很長時間的努力才行。

如果你要讓電腦有意識的話，可能的做法是另外寫出一套神經網路的程式來代替自然語言處理，進行「思考」才有可能。

知識點 *Knowledge Point*

「元宇宙第一股」的 Roblox

在元宇宙裡，「遊戲」這樣的賽道是馬上就能聯想到的應用。但是，元宇宙中的遊戲，和一般遊戲的發展會有什麼樣的不同呢？

我們就要提一下，被稱為「元宇宙第一股」的 Roblox 了。

為什麼會被叫「元宇宙第一股」？

這是第一家在紐交所上市前，就把 Metaverse 這個概念直接寫在公開說明書的公司。這個企業 Roblox 並不是一款遊戲，而是一個開發遊戲的平台，任何 Roblox 用戶，都可以在上面發布自己的小遊戲並賺錢。

Roblox 中除了開發遊戲外，這裡也可以玩遊戲。也就是說，它是同時有開發者和用戶。可不要小看它喔，它的使用者頗多，在疫情期間，美國學生宅在家尋找娛樂的時間變多，9 到 12 歲的美國兒童中，有三分之二使用過該平台。用戶甚至在平台上舉辦虛擬畢業典禮、慶生會等。美國歌手也在上面舉行過演唱會，有 3,000 多萬人參加。

根據 2020 年的財報，超過 1,250 名

遊戲開發者賺到了價值 1 萬美元的 Robux，這種虛擬貨幣可以轉換成現金。

不過，也由於後疫情時代，Roblox 一樣遇到了疫情概念股的問題：成長趨緩的疑慮。

在 2022 年的第一季財報中，Roblox 平均每日活躍用戶 （DAU）達到了創紀錄的 5,410 萬，但是如何將用戶數量轉化為收益，也是當前的「元宇宙」企業最需要思考的問題。美國一些分析師認為，Roblox 的用戶數量和參與度增長強勁，但是，如果找不到更多轉換這些用戶變成營收的方式，就會比較有疑慮。

Roblox 全球每日活躍用戶數

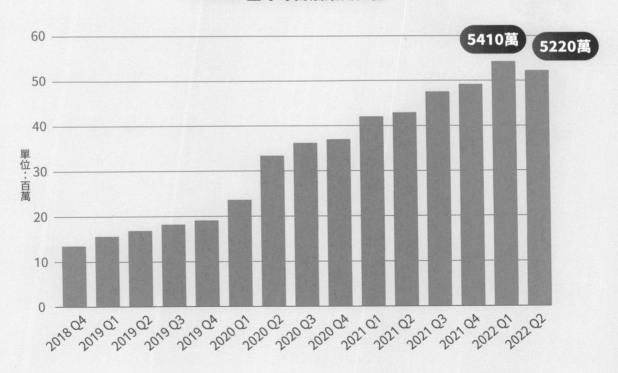

3-3 三個問題，理解數位孿生與元宇宙的關係

| 1 什麼是數位孿生 | 2 技術是什麼 | 3 商業化的公司有哪些 |

1 什麼是數位孿生？

從字面上來看，數位＋孿生，「孿生」就是雙胞胎的意思，就是我們幫實體的物件在數位世界裡，訂做一個數位版雙胞胎放在那裡。

在元宇宙的世界裡，使用者必須要建立一個副本，這個副本其實就是要複製使用者身上的條件，這樣的一個虛擬物件在元宇宙裡面，基本上稱為 Avatar。

數位孿生很早期的應用原型是，當年在阿波羅 13 號的太空人被困在太空時，美國太空總署 NASA 和美國空軍緊急使用了一項新技術「鏡像系統」，用來訓練阿波羅 13 號救援隊，並且用來模擬把太空人帶回家的狀況，這個就是「數位孿生」的前身。

後來「數位孿生」（Digital Twin）的名稱，被美國國防部真正定義出來，並且用於飛機上，由於飛機動輒牽涉到數百條人命，而且製造成本高，所有零件設計和環節又很複雜。飛機的

數位雙胞胎可以縮短製造飛機的流程，也可以對飛機的飛行路線、機體狀態進行實時檢測，萬一分身出現異狀，就可以即時對本體提供警告。

到了今天，「數位孿生」已經被廣泛應用在各大領域，尤其是像油氣、工業產品、航空這些設備投資高昂的產業，透過分析蒐集數據，連健康類都有「數位孿生」專案在跑。

所以簡單結論，「數位孿生」就像是我們把真實世界 COPY 到數位世界，並且可以預測可能會發生的各種情況，基於類比結果做出判斷，找到最佳解，再回饋到真實世界。不用真的去建設後才發現。真的會節省很多試錯成本和時間，對工業和大型專案，很有價值。

以上主要都是應用在大型工業上，有沒有和個人比較有關係的呢？有！

電動車特斯拉在路上跑之後，開始產生大量數據，並且被蒐集到特斯拉總部裡，將每台車的運行狀況即時回傳雲端服務中心。資料中心中的虛擬特斯拉，就像一台真實的特斯拉一樣，可以利用這些數據，模擬未來有可能出現的問題。

雖然「元宇宙」和「數位孿生」都在關注現實物理世界和虛擬數位世界的連接和交互，但兩者的出發點不同。元宇宙的商業模式是直接與人相關，而數位孿生的商業模式大多與工業產品為主。不過，我覺得可以預測，「數位孿生」會很快成為元宇宙技術體系中的基礎技術。

現在應用元宇宙的遊戲中，像是天氣或者場景等，就是做一個很像的東西，但是沒有直接的連動。我們在前面的元宇宙技術中，一直提到「模擬現實世界」，是想要讓元宇宙裡面的世界更加真實，不能只是像一個假的模型。

像電影《一級玩家》中提到的元宇宙環境，是與現實空間完全分離的科幻世界。也就是說，它們是以現實世界為模仿製作的模型，在元宇宙中發生的事情，不會反映在現實中，現實中發生的事情，也不會出現在元宇宙中。

但是「數位孿生」已經不是這樣的模擬。它的技術概念並不是靜止的物體和單向過程，而是動態的演進和具有週期性生命的事件。所以，數位孿生應用在其他行業時，不只是靜止的 3D 模型，而是基於各類數據後，它的動態時空會改變成什麼樣子。

我簡單結論，「數位孿生」是比「線上遊戲」更像活的東西。就是逼近那種「真」的感覺。它可能會為元宇宙創造「可以感覺到」世界的關鍵。

2 數位孿生的技術是什麼?

在以前,「數位孿生」比較是停留在擬真的階段,但是到現在,早就已經不是單純的模擬,隨著雲端運算、邊緣計算、AI 等一系列相關技術的融入,「數位孿生」正在成為一個創新技術集的統稱。

首先,想要建立數位孿生的模型,自然就需要一個資料中心。又聽到資料中心了對不對?所以代表資料中心的需求,確實是成長的。

且因為數位孿生不只是單純的資料而已,它要建立的是一個虛擬場景,所以 3D 運算就變得很重要。所以除了一般的中央處理器之外,圖形處理器也是一個重點。

好,有了資料中心後,更重要的當然是通訊設備,因為你必須把這些資料即時的上傳到資料中心。我常講 5G 為什麼重要?因為大量的數據要即時且不停的傳送到資料中心,當然通訊設備就很重要。

數位孿生更重要的關鍵技術,當然是軟體的模擬。要在電腦裡模擬一台飛機,而且不只是資料而已喔,我要真的看到一個引擎在運轉,而且能夠看到這個引擎的 3D 結構即時運轉的狀況,這才是數位孿生。

數位孿生最重要的四大關鍵技術如下:

1. 資料中心
2. 通訊設備
3. 模擬軟體
4. 開發環境

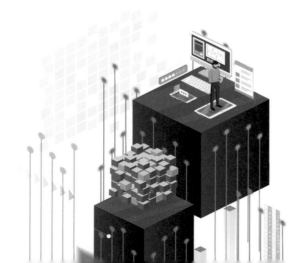

3 數位孿生的商業化的公司有哪些？
還有什麼應用和瓶頸？

建立 3D 場景，一定要提到圖形處理器大廠輝達，除此之外，它們還開發了軟體相關的技術，所謂的 Omniverse。事實上，也是拿來做元宇宙的基礎技術。

當然還有英特爾，以前英特爾是做處理器，但是最近它們也開始在做圖形處理器，而且來勢洶洶，此業務就是針對輝達而來。

再來就是模擬軟體的公司安矽思科技 Ansys，這一間公司主要做的模擬軟體，裡面也可以拿來做數位孿生相關的應用。

關於應用，我想提一個非常有意思的應用，就是智慧城市。

大家想像一下，台北市有多少的管線、有多少的交通號誌，

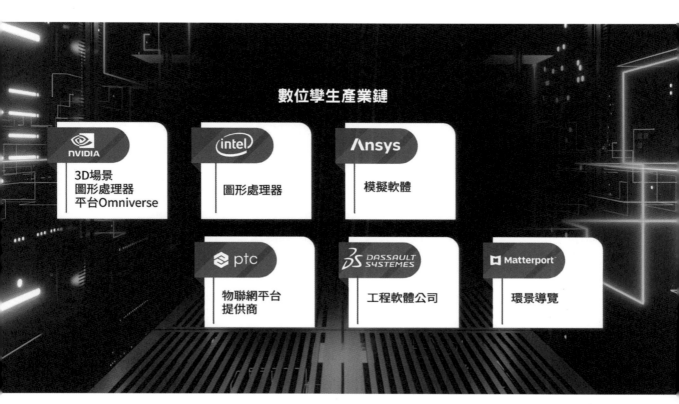

數位孿生產業鏈

NVIDIA｜3D場景 圖形處理器 平台Omniverse

intel｜圖形處理器

Ansys｜模擬軟體

ptc｜物聯網平台提供商

DASSAULT SYSTEMES｜工程軟體公司

Matterport｜環景導覽

如果未來台北市要數位化時，比方說要全面通行電動車，需要多少感測器？如果能將台北市的地圖立體化，電動車更能偵測地景的變換，並提高自動駕駛的精準度，這可不可以用虛擬的數位孿生台北市先來調整？

再來，就是遠端的控制。政府可以透過數位孿生體跟實體的裝置做連結，所以我要控制這個虛擬台北市裡面的任何一個交通號誌，只需要透過虛擬的孿生台北市去下指令即可。

再來是智慧工地，現在的建築物在施工時，常有一些公安問題，同樣也可以在電腦裡面，建立一個數位孿生的工地裡事先模擬，避開重大公安危機。

再來就是智慧家庭。有沒有想過可以把你家所有的家電設備，全部建立在一個虛擬世界，所以，你就可以透過這個虛擬世界下指令，來控制你的真實家電設備。

最後一個就是健康監測了。我們剛談到了連真人都可以建立數位孿生，甚至把你去醫院裡面偵測到的所有數據，全部上傳到數位孿生的身體裡。這時候，你身體在出現任何健康的問題前，它就可以事先提醒你了。

最後結論，我認為「數位孿生」在工業 4.0 會先大放異彩，在「數位孿生」下支持的元宇宙，會是另一個新紀元的開始。

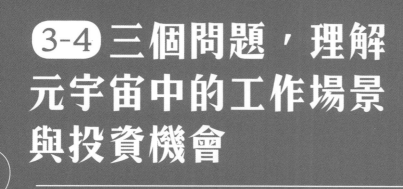

3-4 三個問題，理解
元宇宙中的工作場景
與投資機會

| **1** 不同步工作 | **2** 不同的雲端運算服務 | **3** 資安問題 |

1 什麼是不同步工作？

COVID-19 加速了在家上班（WFH）遠距上班模式，並且造就產業大洗牌，比方說線上開會軟體、遠距醫療、串流平台、數位健身、Fintech 或者企業平台等。

不過，本文要提到的，並不是那些疫情當下有利的消費型企業，而是疫情之後，已經有了不可動搖、不可逆的改變。像是 Google 宣布可以永久在家工作，解封之後，許多全球公司已經投資了愈來愈多的遠距型設施。

我們該討論的不只是「遠距工作」，而是「不同步工作」會產生的變化和需求。

比方說你的同事正在睡覺，而你是晨型人，早上五點起床工作，你們該如何互相更新工作進度及訊息？

另外，在家工作時，對於管理員工效率以及客戶都是很大的考驗，客戶關係管理（CRM）的股王 Salesforce，把企業軟體

做得很容易上手，Salesforce 在疫情之後的業績仍舊愈來愈好，甚至收購了客戶溝通平台 Slack。Slack 類似我們平常在用的通訊軟體 LINE，它們最大的差別是不但讓使用者可以互相傳訊息，還可以整理好使用者的附件。像我們平常使用 LINE 的時候，附件很難找到，或者好不容易找到卻過期了，但是 Slack 解決這個問題。收購 Slack 的 Salesforce 就是看上了這一點。

當大家都不在辦公室時，一切都需要新軟體與工作者共同協作，而 WFH 造就的，絕對不只是線上會議軟體而已，

比方說，你原本的桌機上就有微軟的 Microsoft Teams，假設你同一群組的人要開會，你可以在 Teams 裡邀請與會者、設定提醒、形成行事曆，並且自動

傳訊息給參與者，到時可以直接開啟視訊會議。如果你有使用 Office 365，檔案還可以和與會者共同編輯。你可以感受到，Teams 不只是軟體，它有自己的生態系，作為生產力工具，它增加了工作的流暢度。

這時候你還覺得 Zoom 有競爭力嗎？比起來好像就不太夠用了。Zoom 這樣以輕度的差異化在市場生存的軟體，護城河太淺，一旦當巨頭介入，估值受質疑，股價就很容易受影響了。

當然，微軟的雲業務不只這樣，我講的只是一個很小的應用情境，Azure 是微軟的一個雲端平台，提供許多企業服務，像是蘋果的 iCloud 原本就是放在 Azure 上，它們也負責企業託管、安全性、資料存儲的業務。

2 大型企業把許多後台作業、核心運算移往雲端。可否解釋一下雲端運算的三個層次呢？

首先這裡要提到 IaaS、PaaS 和 SaaS。這些字的後面都有 aas，這個 aas 就是 as a service 的意思，所以前面的字就是重點。

在雲端世界裡，最基本的概念一定要有 IaaS，這個 I 是基礎設施（Infrastructure）的意思，IaaS 稱為「基礎設施即服務」。

我舉一個例子，當我要建立一個雲端系統，在早期最簡單的方法，就是去買一台電腦，但是你買一台電腦馬上面臨的問題

就是需要網路夠快的頻寬支援，所以，還得去申請網路線。

除此之外，也要考量到可能會有駭客入侵，所以要準備防火牆，光是這些硬體，就會花掉很多時間。所以 IaaS 這個 I 指的就是「基礎設施」，也就是我今天不要自己買電腦，我也不要自己弄什麼防火牆，拉網路線也太麻煩，我直接跟網際網路的服務供應商（類似中華電信這樣的公司）申請一個 IaaS。

簡單說，就是在它的機房裡，放了一台主機，此主機就租給我用。我也不用擔心冷氣房或者機房硬體故障問題，也不用管防火牆，也不需要拉網路線。因為中華電信都幫我準備好了。

但是，如果只有租到雲端的硬體，我還得去安裝軟體。而且裝軟體也有相容性的問題，於是雲端網際網路的服務供應商就提

雲端運算服務：IaaS、PaaS、SaaS

更具數據私密性 操作可控性

開發較容易

SaaS
軟體即服務

PaaS
平台即服務

IaaS
基礎設施即服務

出了第二個階段，也就是說所謂的 PaaS（Platform as a Service），稱為「平台運算即服務」。

那為什麼叫做平台，因為此時中華電信提供的不只是一台電腦硬體而已，它連作業系統都幫你裝好囉。而且，當我要寫應用程式在這個作業系統上執行時，我可能還要安裝很多相關的基本程式，或軟體框架，但 PaaS 服務供應商能幫我裝好。

即使是這樣，如果使用者要使用這個雲端的話，還是要寫程式。如果我今天只是想用雲端的一些服務，但是我根本就不會寫程式，怎麼辦？雲端的服務供應商就提供了第三個等級的服務，稱為「軟體即服務」，這個就是 SaaS（Software as a Service）。

這裡的軟體指的就是一種已經寫好的應用程式，使用者只要連結到雲端就可以直接用了，例如我們常使用的 Google Map 地圖，或者我們常用的 Gmail，或者是微軟的 Office 365 等，這都是屬於軟體即服務。

幫大家簡單整理一下：

基礎雲端運算 IaaS（Infrastructure as a Service）

簡單來說，就是跟雲端商買線上空間，沒有作業系統，沒有程式，需要自己在上面安裝所需環境。

雲端運算服務：IaaS、PaaS、SaaS

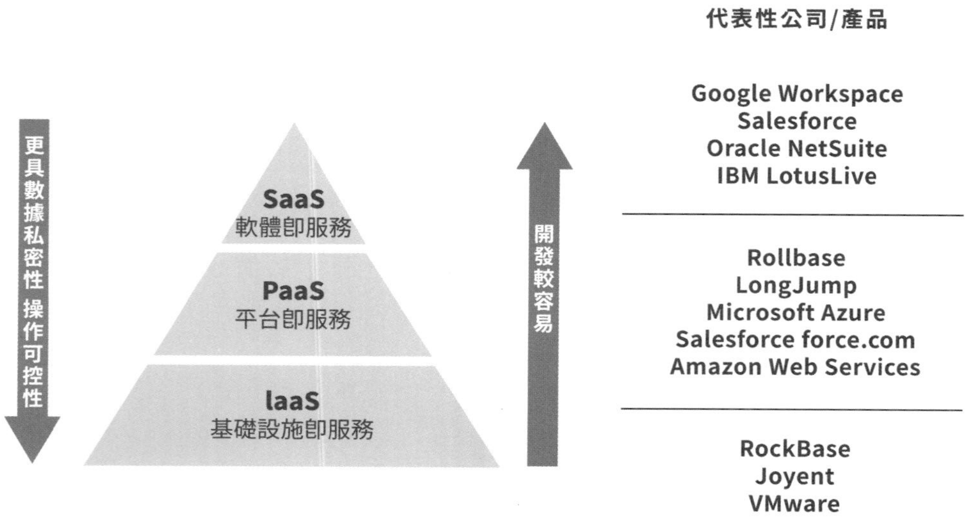

代表性公司/產品

	代表性公司/產品
SaaS 軟體即服務	Google Workspace Salesforce Oracle NetSuite IBM LotusLive
PaaS 平台即服務	Rollbase LongJump Microsoft Azure Salesforce force.com Amazon Web Services
IaaS 基礎設施即服務	RockBase Joyent VMware

更具數據私密性 操作可控性

開發較容易

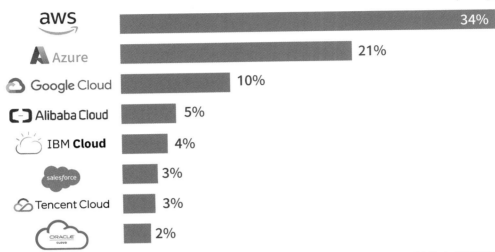

2022 Q2 全球雲端服務市占前 8 名

aws	34%
Azure	21%
Google Cloud	10%
Alibaba Cloud	5%
IBM Cloud	4%
salesforce	3%
Tencent Cloud	3%
ORACLE CLOUD	2%

備註：以上包含PaaS、IaaS與私有雲端服務

平台雲端運算 PaaS
（Platform as a Service）

主要是在雲端執行各種平台或作業系統，像是亞馬遜的 AWS 和微軟提供的 Linux 就是屬於這種。

軟體雲端運算 Saas
（Software as a Service）

各家軟體商的雲端產品，例如微軟的 Office365、Google Workplace 等。

從雲端服務的市占排行榜上，可以看出 Amazon 的 AWS 一直占據第一，而微軟的 Azure 營收正在追上中。

Amazon 本身是電商出身，你說它要做 PaaS 的平台解決方案，相對來說不難，可是如果要做 SaaS，也就是軟體的解決方案，相比軟體商的微軟來說，Amazon 實力就比較弱，畢竟沒有研發團隊，或者不夠專注。軟體就是微軟的強項啊。

在雲端服務之前，微軟的業績原本逐漸下滑，後來是怎麼翻身的呢？很簡單，以前的 Office 這種軟體是一套一套在賣的，所以使用者常常買回去之後，用個 3、5 年也沒有再換，太難賺了。所以後來改成雲端訂閱制，以這樣的模式，讓業績再創新高。

讓微軟業績翻身的 Azure

在提供雲端服務之前，微軟在過去因為錯過了手機市場的崛起，沉寂了很長一段時間。當時，消費者從個人電腦，開始轉移到人手一機的智慧型手機，但是微軟當時的 CEO 仍致力於衝高 Windows 系統的銷售，沒有參與到智慧型手機的市場。所以，微軟幾乎有 10 年的時間，沒有成長題材，股價進入長期盤整。

像是蘋果第一代 iPhone 發布時，當時微軟的 CEO 判斷：「我想不會有什麼太大的反應。」結果五年之後，蘋果一年光是 iPhone 的營收額，就超過微軟整體銷售。微軟的新任 CEO 納德拉從 2014 年起，大刀闊斧改革，讓雲端事業的營收成為三大發展重心，並且大大改革組織，才讓整體營收出現新的成長動能。

大家看得出來，微軟從 2021 年開始，智慧雲端部門的收入就逐漸成為微軟主要的成長的一個動能。2022 年的第二季，它的 Azure 加上其他雲端服務的收入，整體成長已經到達 46%，快要占它整體營收的過半比例。

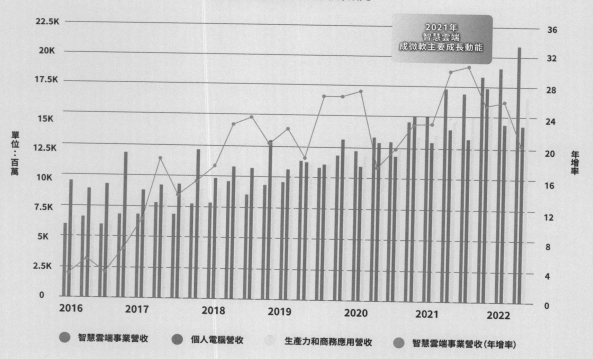

微軟雲端服務營收概況

2021年
智慧雲端
成微軟主要成長動能

單位：百萬　　　　　　　　　　　　　　　　年增率

● 智慧雲端事業營收　● 個人電腦營收　生產力和商務應用營收　● 智慧雲端事業營收（年增率）

3 遠距或者在家工作時，資安變得特別重要，包含公司的資料安全、通訊加密也會是很重要的問題，企業是如何因應的？

要保護網路安全，就必須先了解網路上的怪客（Cracker）如何攻擊網路系統，一般將網路上的攻擊行為分為「技術性攻擊」與「非技術性攻擊」兩大類。

技術性攻擊的攻擊者，本身需要有豐富的資訊工程與網路知識，他會利用電腦或網路系統設定的安全漏洞進行攻擊。

非技術性攻擊又稱為「社交工程（Social engineering）」，例如有人假冒銀行的行員打電話來問你一些私人的資料，甚至問你密碼，那一般的人因為沒有防備，會以為對方是銀行行員打來的，就把一些不該講的資訊講出口，主要是攻擊人性的弱點跟疏忽。

常見的攻擊種類分為四種：

服務阻斷攻擊（Denial of service attack）：

例如我是怪客，我連結到雲端服務的伺服器主機，當我每一次連結進去，伺服器就會開啟一個程式來服務我，這時我又立刻發送一個連線的要求，雲端主機又開了一個服務程式來回應我，那如果我在短短的 10 秒之內連續發上千個服務要求，雲端主機就很容易當掉，這個我們稱之為服務阻斷攻擊。或者用刪除電腦系統的檔案、破壞網路通訊設備、發送大量垃圾訊息造成網路阻塞及伺服器癱瘓等。

存取攻擊（Access attack）：

這我們常在電影中看到，攻擊者在未經授權的情況下使用資源或取得資訊，常見的方法像是竊聽與攔截傳送中的資訊，或是

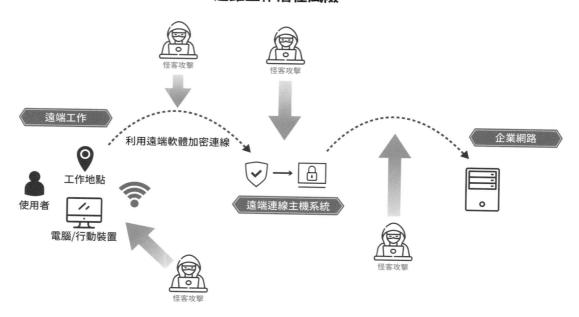

遠距工作潛在風險

怪客攻擊　怪客攻擊

遠端工作　利用遠端軟體加密連線　企業網路

工作地點

使用者

遠端連線主機系統

電腦/行動裝置

怪客攻擊

怪客攻擊

入侵電腦盜取資訊。

竄改攻擊（Modification attack）：

攻擊者在未經授權的情況下修改資料，破壞了資訊的正確性與一致性，在攻擊時通常要先進行存取攻擊取得要竄改的資訊。

否認攻擊（Repudiation attack）：

攻擊者利用身分的偽裝或修改交易紀錄等方式來否認曾經在網路上進行過的行為，常見於電子商務交易時。

再者，必須談一下加密技術。人類現在就是使用加密的方式來保護雲端的資料。加密主要有四個目的：

第一、目的就是保持資料的完整性

確保這個資料跟原來的資料是一樣，沒有被竄改跟偽造。

第二、鑑別性

要確認這個網路使用者的身分是不是合法的人。到底這個人是真正的使用者還是怪客連進來？

第三、不可否認性

使用者不可以否認他曾經在網路上做過的事。例如今天你上網買了一張股票，你不可以因為收盤股票跌了，你就否認你沒買這一張股票。

第四、機密性

把資料加密變成亂碼，非法者取得資料也看不懂。

Cloudflare 部署節點預防怪客攻擊

網路加密技術，最主要就是希望能夠達成以上這四個項目。除此之外，現在在雲端安全相關領域，還有一個名詞，叫做「資訊安全零信任」。過去 20 年的網路技術突飛猛進，那時候的人認為，只要我利用遠端的軟體，以安全加密連線到公司內部網站，就可以當作自己人。而因為你是以加密的方式連線進來的，我們就稱之為「虛擬的私有網路」。

問題來了，從遠端連線到公司內部，就代表這個人一定是公司內部的人嗎？疫情之後，愈來愈多人在家裡工作，這種遠端虛擬的連線就愈來愈多，如果每一個透過遠端虛擬連線進來的使用者，

你就認定他是公司的人，也不做任何身分驗證，這很容易讓怪客有可乘之機。

所謂的資訊安全零信任，就是「在雲端驗證裡，別相信任何人」。任何人從任何地方連線進來，哪怕你是已經加密過的私有虛擬網路，我還是要你做身分驗證，這個就稱為「資訊安全零信任」。

因應這樣的加密型態，也有新型態的雲端服務公司，如 Cloudflare 出現。這間公司在全世界 250 個城市都建有邊緣雲端，用處為何？

大家想像一家跨國的公司，總部可能在美國，員工會分散在全世界，所以每一個員工，都是從世界各地透過私有虛

擬網路就連進公司的總部，安全性就是一個嚴重的問題。

如何以公司總部的伺服器阻擋這些可能的怪客攻擊？現在的做法就改成，世界各地的員工是連結到各個城市 Cloudflare 部署的節點去驗證。比如我們在台北市工作，我就直接連結到台北市的 Cloudflare 伺服器，這時若遇到怪客攻擊，就由當地的伺服器擋下來。

而且，Cloudflare 可以完整的記錄每一個人登入時所做的動作，只要發生異常，立刻示警處理。

知識點 *Knowledge Point*

量子電腦與密碼

量子密碼時代又跟雲端跟網路安全有什麼關係？以上談到了網路安全要靠加密技術來保護，可是現有的加密技術最大的特色就是，如果怪客使用現有的電腦，在「合理時間內是無法破解」。

意思就是，如果怪客要花很久時間，例如 100 年以上，才有可能破解你的密碼。那這等於沒法破解一樣，因為怪客不可能等 100 年。

但是，最近有一種新的電腦，稱為「量子電腦」。量子電腦有著強大的運算速度和能力，可以在很短的時間內，就破解現有的密碼。

所以，我們現有的密碼，基本上是擋不住量子電腦，只不過因為量子電腦短時間內無法量產，短時間內不會有大量問題，但是隨著量子電腦的發展，一般預估大概再過 10 年，就有可能會實現量子電腦普及。到那時候，現有的密碼就全部都不能用。

那我們的網路交易怎麼辦？資料安全怎麼辦？

科學家已經開始開發下一代的密碼，我們稱之為「後量子密碼」。學術界已經在討論將來如何應用新的加密技術，來阻擋量子電腦破解密碼的問題。

3-5 三個問題，基本理解區塊鏈、NFT 以及 Web3

| **1** 區塊鏈 1.0 和 2.0 | **2** 什麼是 NFT | **3** 什麼是 Web3 |

1 區塊鏈 1.0 和 2.0 差在哪裡？

區塊就是存摺，存摺是用來記錄你有多少錢的，那麼區塊鏈又是什麼呢？當你第一本存摺用完時，那就是換第二本存摺。第二本存摺又寫滿了怎麼辦？就換第三本存摺。姑且就把這個稱為存摺鏈。

所以，區塊實際上是記錄資料，區塊鏈就是一個一個區塊形成的一種資料結構。實際上，它就是儲存資料的意思。

重點在銀行的存摺通常有兩本，一本在我手上，一本在銀行手上，這就是中心化。但是比特幣的存摺就是比特幣的區塊鏈，也就是存摺鏈，它是分散儲存在一萬多個礦工的電腦裡，這些礦工彼此不認識，這就是所謂的「去中心化」。

但是，你不認識這些礦工，而你的比特幣財產記錄在一萬多個你不認識的人電腦裡，你會放心嗎？所以，比特幣就需要一種技術，來確保這些比特幣的礦

工，不會偷偷的把你的錢改成他的錢。

事實上，採礦是一種演算法，主要的目就是要確保礦工不會去偷改比特幣的區塊鏈，我們稱之為區塊鏈的 1.0 技術。

另外，大家還記得嗎？在 2020 年有個新聞也很紅，就是顯示卡大跌，為什麼呢？因為以太幣不必採礦了，可是採礦能夠確保我的交易不被竄改，那不採礦之後，難道我的紀錄就會被竄改了嗎？

以太坊的創辦人不這麼想。他認為，既然採礦就是確保區塊鏈的資料，不能被竄改，那為什麼我只能寫幣的交易，為什麼不可以開放「你愛寫什麼資料都行」呢？

所以他就說，區塊鏈就是資料寫進去就不能改，既然是這樣，不一定要只寫交易紀錄，我可以寫任何資料，可以寫一段文字、一張圖片、甚至是一段程式。我們就把這樣的東西，稱為智能合約，這個就是所謂的區塊鏈 2.0。

採礦就需要礦機，會浪費很多電，所以科學家發明了新的方法，稱為「權益證明」或者是「持有量證明」，利用這一種新的演算法，就不需要採礦，也可以確保交易資料無法竄改。

但是我要提醒大家，區塊鏈引以為傲的就是「去中心化」，它用的採礦是目前最安全的方式。那麼改用新的演算法之後，實際上變得中心化，而且它的安全性實際上比原來採礦的方式差。

中心化 vs 去中心化交易

中心化交易模式

由中間機構儲存所有交易紀錄
資料所有權掌握在中間機構手中

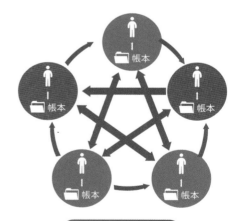

去中心化交易模式

帳本資料的所有權不會被任何一個機構/組織掌握
交易過程並不需經由中間機構協助

2 什麼是 NFT ？為何大家這麼瘋狂？

過去，我們稱以太幣或是比特幣為「同質化的代幣」，但是這幾年又突然有個東西很夯了，加一個「非」字，叫「非同質化代幣」，簡稱 NFT。

在區塊鏈剛發明時，很流行發行智能合約，每個人也都可以自由發幣，就像我也發過幣，上面就註明「我要發 20 億顆的知識幣」，把這個合約分散儲存在幾千台不同的礦工電腦裡。

每一顆知識幣都是等值，也就是同質化的。

那非同質化代幣的意思是一樣，我寫一個智能合約，說我要發行非同質化代幣，但是因為它非同質，也就是每一顆幣都不一樣，這個時候就沒有辦法直接交換，它的功能就變成是拍賣。

所以簡單的結論，同質化代幣可以交換流通，能當貨幣使用；非同質化代幣，因為每一顆都不一樣，所以無法流通。

那 NFT 的主要用途有些什麼？

例如我畫了一幅畫，我想把這一幅畫賣出去賺錢，可是如果我的畫是數位的怎麼辦？數位畫其實沒有人想買，因為可複製性太高了。所以，我就拿我這一幅數位畫，寫一個智能合約，發行一個 NFT，而這個 NFT 就代表這一幅畫的所有權證明。

這個 NFT 放在數位資產交易平台上面拍賣，如果有人看上，他就可以拿加密貨幣把它買走，也可以讓數位畫家賺到他應該有的收入。

但是，會出現一個弔詭的問題，就是買了這個 NFT，就代表擁有這幅數位的畫嗎？答案是：「沒有！」因為這一幅數位畫，任何人還是都可以複製，所以買了 NFT 就是買了一個虛擬所有權而已。

而你擁有這個虛擬所有權，其

同質化 vs 非同質化代幣

同質化代幣

Fungible Token
每一個代幣等值
可互相替代

非同質化代幣

Non-Fungible Token
每一個代幣價值不同
不可互相取代

知識幣
100$　＝　知識幣
100$

實也不代表你就獨占擁有這一幅畫。

這樣不就好像是捐錢給畫家一樣？沒有錯，你買 NFT 就是捐錢給畫家。既然只是捐錢，為什麼要買？答案很簡單，你只要相信過一陣子，你就可以用兩倍的價錢把這個 NFT 賣出去，你就會買。

現在各位看到的大部分 NFT 交易，實際上都是買空賣空，這樣在實務上根本無法達到 NFT 的真正用途，或者有意義的用途。

什麼是真正有意義的用途？例如佳士得拍賣中心驗證了一幅名家珍品畫，而且由佳士得做擔保。接下來，佳士得就可以發一個智能合約，發行 NFT，放

到數位資產交易中心去拍賣，買下這個 NFT 的人，就代表他擁有名家的這幅畫。而這幅畫，保管在佳士得的倉庫裡，也有很好的環境確保不被偷竊。

這個交易紀錄是記錄在礦工的電腦裡，買了這幅畫的人，就可以再把這個 NFT 轉手賣給別人，我也可以在裡面寫程式註明這個 NFT 每次轉手 10% 是手續費，將付給畫家及拍賣行。

所以，買了畫的人，不管轉手多少次，佳士得會收到一個保管費，畫家也會收到分潤。這就是一個非常好的模式。

NFT 就是類似所有權證明，重點是佳士得這樣的角色就非常重要，因為它必

須是第三方的公證機構。

你可能會問,這樣和現在的拍賣流程有何不同呢?何必多 NFT 這一舉?

第一個不同的點在於,以往佳士得發證明時,每一個買家的身分佳士得都知道,買家無法藉由藝術品來洗錢,因為監管單位會來找佳士得。但是如果用 NFT,資料不會留在佳士得的電腦裡,而是記錄在礦工的電腦裡,容易洗錢,而且不留紀錄。

第二個重點是,如果佳士得拿張大千的名畫來發一個 NFT,放到數位資產交易平台,你知道這有多大的吸引力嗎?

這些炒作加密貨幣的人,會立刻用大量的加密貨幣去標這一個 NFT,此時這個 NFT 是不是就可以賣一個好價錢?這個來標 NFT 的人,其擁有的以太幣成本可能原本是 1 美金,現在變成 1,000 美金,意思就是他用非常少的成本,藉由 NFT 來炒作加密貨幣。買下 NFT 的人只是砸下大量「當年不值錢」的加密貨幣炒作 NFT,再轉換成「貴森森」的美元計價,經由社群媒體炒作擴大聲勢而已。如此一來再次炒高加密貨幣,另外在交易所把手上的其他以太幣或比特幣賣掉一些,不是又大賺一票了?

NFT 購買流程

創造者

智能合約

NFT擁有者

100以太幣
購買NFT

3 什麼是 Web3 呢？

先了解一下什麼叫 Web2，現在我們用的網路就是屬於 Web2。例如說我們今天用 YouTube、臉書，我們在上面發文，是不是臉書跟 YouTube 都會審查？如果你亂講話，它會刪除下架的，這個就是 Web2。它就是中心化、有一個平台的管理者來管理。

但是最近開始就有人提出 Web3 的概念，就是去中心化、沒有人管理，你愛發什麼東西都可以，它不需要許可。乍聽之下好像是未來的趨勢，但是如果你靜下心來想，如果言論不需要審查，那不就代表謠言滿天飛嗎？

Web3 就比較像是去中心化、不受大型科技公司的控制、底層系統架構在區塊鏈技術上的網際網路。簡單舉例，推特和臉書都還在審查言論，帳號也都還在各企業手裡，數據隱私更是企業獲利的來源之一，你看你不管搜尋什麼，大數據都抓著你推廣告。光是社群要去中心化這一塊，還是很難。

Web3 宣稱的去中心化，現階段就是個唬人的口號而已！

我想說的是 Web2 有其優點跟缺點，Web3 乍看之下沒人管、保障隱私且最自由，但實際上卻正好相反！

我朋友和我講了一段寓意深遠的話：當每個人都有完全的自由，實際上是最不自由的。你以為你可以隨心所欲了，但是真正能隨心所欲的只有少數人，在「去中心化」的口號下，他們愛怎麼做都行。如同著名的「劍橋分析事件」，讓川普從不被看好到打贏選戰。總統是由人民的自由意志選出來的嗎？不，人民沒有意志，人民的意志可以用大量的假訊息來塑造。

很多人誤以為「自由」等於「平權」，因此對「絕對的自由」

Web2 vs. Web3

Web2	Web3
傳統法幣	虛擬貨幣
傳統金融機構	去中心化金融(DeFi)
企業掌控數據	區塊鏈
資產權證	非同質化代幣(NFT)

感到期待，事實上剛好相反，當失去了約束，拳頭大的人就有絕對的權力，拳頭小的人完全被欺壓，絕對的自由就是絕對的欺壓，而在加密貨幣的世界裡，只有少數人拳頭大，愛怎麼做都沒人管。

在加密貨幣世界裡的少數人，就是早期持有大量「低成本」加密貨幣的人，在去中心化的口號下，他們可以不受監管的砸下大量「當年不值錢，現在貴森森」的加密貨幣去競標 NFT，再用「美元計價」經由媒體炒作擴大聲勢創造出「一個 NFT 幾千萬美元」的假象，去洗大家的腦，讓大家相信加密貨幣與 NFT 很有價值。

大家現在打開媒體，看到的都是：

NFT 市值飆至 409 億美元直逼傳統藝術品、英國佳士得拍賣以 6,900 萬美元售出一項數位藝術品讓 NFT 從低調的角落躍上主流版面、大眾對經由區塊鏈技術認證的虛擬物品胃口有多大、凸顯了人們對非同質代幣的興趣激增等內容。

事實上，他們目的就是想要炒幣圈錢，但又不想要監管機關介入，才會想出這種說詞。

區塊鏈的技術本身不難，難在開發出顛覆性的新商業模式。其實在區塊鏈的世界當中，一直強調去中心化，可是在實際運行的過程當中，需不需要監管單位出來適時的管理一下？這個角度就留給大家好好來思考了。

Chapter 4

新能源

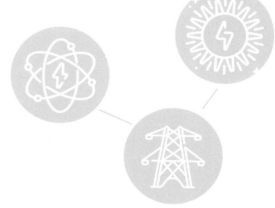

Future energy

117

4-1 三個問題，理解最基本的太陽能和投資

1 原理是什麼？ **2** 污染問題 **3** 投資方向

煤炭、天然氣還有石油等的化石能源，一直被視為是驅動工業革命動力的來源，而這樣的時代，被稱之為化石燃料的時代。

然而，福禍相倚，當大量的化石能源被使用之後，也造成了全球面臨環境崩壞的邊緣。全球暖化、酸雨，還有空氣污染等的環境問題，都衝擊著全世界的生態環境。

所以我們可以看到，全世界的政府，

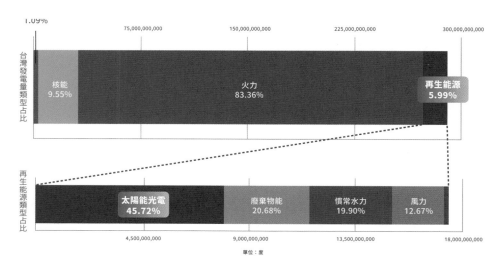

2021 台灣電力供給概況

單位：度

台灣發電量類型占比：
- 核能 9.55%
- 火力 83.36%
- 再生能源 5.99%
- 1.09%

再生能源類型占比：
- 太陽能光電 45.72%
- 廢棄物能 20.68%
- 慣常水力 19.90%
- 風力 12.67%

118

2022 Q1 台積電綠電購買憑證占比

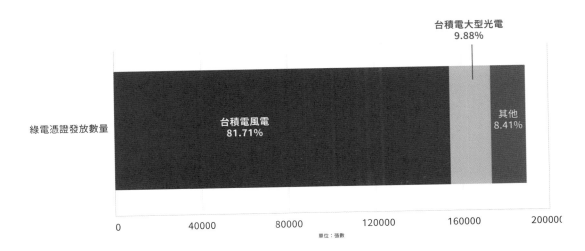

台積電大型光電
9.88%

綠電憑證發放數量

台積電風電
81.71%

其他
8.41%

0   40000   80000   120000   160000   200000

單位：張數

都提出了要加速能源轉型的議題，我們也看到電動車快速的興起，還有碳權交易的雛形。

當世界科技巨頭像是臉書、蘋果、Google，都宣誓要把生產的用電朝向百分之百的綠能來前進。在國際品牌的壓力，以及自主形象提升之下，買綠電現在變成了顯學，以台灣目前的狀況來說，再生綠能當中，太陽能貢獻最多，其次是水利還有風力。

目前台灣的政府設定要在 2050 年達到淨零，離「再生能源的發電占總用電量的六、七成」，還有很長的一段路要走。

不過我們翻開台灣綠電的賬單，你可以發現，台灣現在大部分的綠電，都被台積電給買走了，其他的企業可以說是想買也買不到。

而且，再生能源的轉換效率也不夠好，所以接下來，我們會分別從太陽能、風力發電出發，再談到儲能商機。全方面和大家一起來解析新能源未來的趨勢。

全世界都期望可以做到所謂的碳中和，其實不是不能夠生產二氧化碳，簡單來說，要把人為產生的碳排放，用節能的方式清除。如果你沒有辦法節能，你就要去用碳交易的方式來達成節能。

碳達峰和碳中和

綠能是未來很重要的趨勢，二氧化碳的排放產生溫室效應，造成重大的環境問題。那怎麼樣讓二氧化碳降低？想要降低之前，你至少要先做到一件事，就

119

碳達峰、碳中和是什麼？

是不要再增加二氧化碳。也就是指「二氧化碳排放量」達到歷史最高值，達峰之後進入逐步下降階段。所以，我們就把這個稱為碳達峰。

一言以蔽之，碳達峰是二氧化碳排放量，由增加到開始減少的歷史轉折點。

接下來，我們才能再聊「碳中和」。碳中和簡單來說，就是企業或政府，在一定時間的二氧化碳排放量，與種樹、使用再生能源等方式互相抵銷。接著採取減量措施，讓大氣的碳排放量維持現狀、無增無減，達成碳中和的狀態。

隨著許多國家要開始課徵碳稅後，身為綠能之一的太陽能產業概念股又開始有了人氣，碳中和和碳達峰的相關字眼也慢慢進入到投資人的視野中。

1 太陽能的原理是什麼？太陽能產業曾經在台灣沸沸揚揚，為何現在沒落？

太陽能產生能量大概有兩種方式，一種方式是直接收集熱能，熱能就可以直接將水加熱，變成熱水。

或者，是直接接收熱能，讓這個熱能去加熱液體去產生蒸汽，再用這個蒸汽去推動渦輪機跟發電機來產生電。

但是，這種方法通常是要在沙漠裡面，也就是常年日照良好的地方，效能才優秀。

第二種方法，就是利用光能，直接使用半導體把太陽光轉換成電來使用。這個是目前我們談太陽能主要的發電方式。

然而，這種發電方式，馬上會面臨一個困境，那就是有太陽時才有電；沒太陽時，自然就完全沒電。

只有白天可以產生電，那晚上怎麼辦？夏天電力過剩，那冬天怎麼辦？

太陽能的發電方式

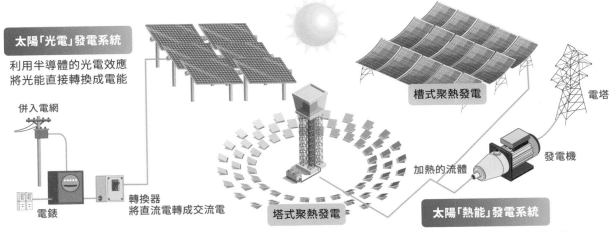

太陽「光電」發電系統
利用半導體的光電效應將光能直接轉換成電能

併入電網

電錶

轉換器
將直流電轉成交流電

塔式聚熱發電

槽式聚熱發電

電塔

發電機

加熱的流體

太陽「熱能」發電系統
利用各種形式的集熱器，加熱工作流體後，通過蒸氣渦輪帶動發電機

單晶矽、多晶矽、非晶矽差別

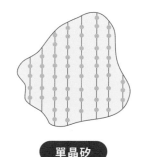

單晶矽

原子排列整齊
製造成本高
光電轉換效率高（約15-24%）

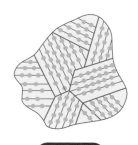

多晶矽

局部原子排列整齊
製造成本較低
光電轉換效率較低（約10-17%）

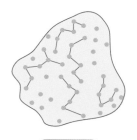

非晶矽

原子排列散亂
製造成本最低
光電轉換效率最低（約8-13%）

　　所以，太陽能或者其他的綠能都有共同的問題，就是沒辦法維持長期且穩定供電。綠能現階段只能說是補充電網的供電來源之一，但是要讓它完全取代目前傳統的發電，有非常大的困難。

　　太陽能板它有分多晶矽和單晶矽。所謂的單晶矽，就是原子排得很整齊。不過原子排得整齊的材料，成本就高，但是單晶矽的導電性好，光電轉換效率也高，這是它的特色。

　　多晶矽的定義很簡單，就是局部的原子排整齊。所謂局部，大概是 100 奈米左右，大概跟病毒一樣小了。

　　所以，多晶矽的太陽能電池，其原始排列還是比較亂的，不過，它的製造成本低，當然，產生能源的效率也不高。

　　非晶矽指的就是原子排列很亂，非晶矽的太陽電池，生產成本最低，發光效率也不好。

　　太陽能電池除了可以用「矽」這個材

太陽能發電原理

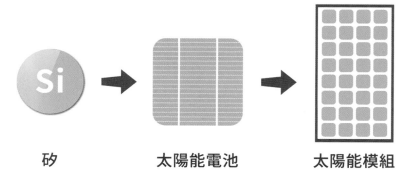

矽　　　　　　太陽能電池　　　　　太陽能模組

料來做，也可以使用化合物半導體，也就是砷化鎵這一類的材料，其發光跟收光的效率都更高，但問題是砷化鎵的價格太高，不適合用在一般的商用中。

通常，化合物半導體的太陽能電池都是用在軍用或者太空。大家知道衛星在外太空沒有電，衛星上裝的就是這種化合物半導體的太陽能面板。

那麼，為什麼太陽能產業在台灣相對來說發展不起來呢，因為太陽能的技術門檻沒有非常高，當中國大陸的廠商，開發出成熟的太陽能板製程之後，市場上的價格就直接被破壞殆盡了。

回首過去數十年間的太陽能產業興衰，它們曾在 2006 ～ 2008 年席捲全市場，更曾有太陽能電池廠益通成為台股股王的歷史紀錄；也曾在 2010 年時隨著中國大舉打入太陽能市場，打亂價格而跌落深淵。

而且，太陽能板最需要的是「矽」這個材料，由於製造晶圓時需要大量的矽，材料難免受到市場價格的影響，當原物料成本在波動時，太陽能板的價格就會有明顯的波動。

益通 2006-2010 股價走勢

- 2006/3
  掛牌上櫃，
  股價漲至1205元，
  成台灣股王
- 2008/1
  宣布合併多晶矽
  製造廠Adema
- 2009-2010
  太陽能板生產門檻降低，
  全球廠商競相投入生產，
  衝擊益通獲利
- 2010/8
  半年報虧損達30億元，
  股價跌至36元

單位：台幣

1500 500 200 100 45 0

2006　2007　2008　2009　2010

2 太陽能產業可以投資嗎？人家說太陽能板的製作過程有很多污染，回收也很有環保爭議，是真的嗎？

太陽能板在使用的時候，並不會產生污染。

問題在於，太陽能板在製造過程中，確實也有爭議，例如在生產這些矽材料的純化上，其實也要浪費很多的電，製造這些面板本身也耗電，所以確實有很多爭議在討論「浪費太多能源去生產太陽能板」的問題。不過，一般業界認為，它在生產過程中，消耗掉的能源還是比它產生的能源少，再加上技術會進步，將會提高效率。

而且隨著製程革新，原本切割晶體的金屬線，改為鑽石切線，也不會再產生有毒的切削液。

還有一個大問題，台灣發展太陽能已經大概超過 20 年的時間了，一般業界的太陽能板的壽命差不多就是 20 年，這也就意味著，台灣要開始面對太陽能板該如何報廢和處理的問題。

一般回收是用熱裂解，也就是用高溫把這些材料溶解裂解掉，但是燃燒太陽能板的時候，會產生 VOC（揮發性有機物＋一氧化碳），等燃燒溫度達到攝氏 600 度的時候便會達到熱裂解把 EVA 和 PVDF 氣化，但是這些氣體有毒。

所以，比較好的方法，還是把玻璃板上面的這些材料，溶解下來回收再利用，同時最好這個玻璃板也可以重複的使用，就可以達到循環經濟的目標。成大已經研究出無毒的拆解技術。

第一步，會先拆除太陽能電板的鋁框與接線盒，確保太陽能板的玻璃不會破碎。下一步，便是用刨除的方式，將背板上的 PVDF 塑膠去除掉。在移除 EVA 黏合劑之後，便可以拆解出：

- **玻璃面板**
- **太陽能電池（Solar Cells）**
- **銅導電帶（Copper Ribbon）**
- **背板 PVDF 塑膠膜**

藉此也可直接再利用面板玻璃，並保留太陽能晶片中，矽（Silicon）資源的價值以及銅導電帶中的金屬資源（銅、鉛、錫、銀）。

鋁框的鋁金屬與接線盒中的銅金屬及 PP 塑膠，是單純的資源物質，可以直接轉賣給下游的金屬產業與塑料公司。

電池片的矽資源也能個別回收再賣給矽資源回收廠再利用，而銅導電帶中的銅金屬、鉛錫焊料、銀膠都是很有價值的金屬，也都可以分別回收再利用。

我相信，不只在太陽能，未來在「太陽能板回收」方面，也是一個重要的技術和投資方向。

3 除了回收之外，太陽能的投資要朝哪一方向思考呢？

太陽能的上游，其實就是矽晶圓，不管是單晶矽或者多晶矽等相關材料廠商。

那中游的部分，一般講的就是這個製作面板的廠商，也就是把元件做成太陽能板的廠商，下游通常談的都是相關的發電廠。

那問題就來了，正常的狀況下，一般的產業都是愈往下游的技術難度就愈低，上游的獲利會比下游好。

但是，太陽能這個產業比較特殊，主要是因為中國廠商都能供應便宜的太陽能面板，所以上游面臨競爭，毛利並不好。

而下游的廠商，實際上是由政府用補貼的方式來扶持的，政府跟廠商說：「只要你願意建置太陽能廠來發電，我每1度電，用保證的價格跟你買回來。」

因此，太陽能產業反而是下游的業者利潤最好！

說白了，就是由政府補貼，太陽能產業才有辦法繼續維持下去，所以大家要記得，綠能都一樣，最終的市場需求並不是落在太陽能本身，而是儲能上。太陽能不是重點，儲能才是重點。

台灣太陽能產業供應鏈

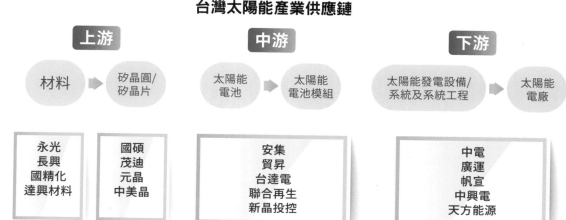

上游	中游	下游
材料 → 矽晶圓/矽晶片	太陽能電池 → 太陽能電池模組	太陽能發電設備/系統及系統工程 → 太陽能電廠
永光 長興 國精化 達興材料	國碩 茂迪 元晶 中美晶	安集 貿昇 台達電 聯合再生 新晶投控	中電 廣運 帆宣 中興電 天方能源

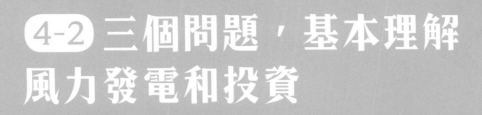

4-2 三個問題，基本理解風力發電和投資

1 風力發電的原理

2 問題和瓶頸

3 台灣的風力產業鏈

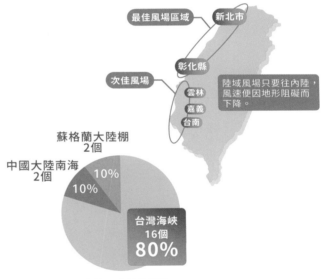

全球前20大最佳風場

根據國際工程顧問公司 4C Offshore 在 2014 年針對全球「23 年平均風速觀測」的研究，看一下右邊這張圖，世界上風力最強的 20 處離岸風場，台灣海峽就占了 16 處，而且絕大多數在彰化外海。

一時之間，全球的能源商在這兩年來，全都湧進台灣，包含世界風電的龍頭開發商沃旭，早在 2016 年 5 月進駐台灣。

為什麼台灣風力這麼強呢？主要原因有二：

1. 台灣在地理位置上，深受季風影響，台灣海峽在每年 10 月開始迎接東北季風，外加台灣中央山脈與福建武夷山脈的夾擊，讓平均風速可以達到罕見速度。

2. 美國太空總署 NASA 也發現，彰化沿海地區的常年風速高達每秒 7 公尺以上，這個數字是什麼概念呢？基本上，樹葉微微飄動的風速大約在每秒 3 公尺左右，而這種風速，就可以達到風機發電的標準了。

1　風力發電的基礎是什麼呢？離岸風電和陸域風電又有什麼不同？

跟前面的太陽能一比，就會發現風力發電的發電構造相對簡單。電力的轉換是靠「風力機」，而風力機主要是藉由即風轉動葉片來發電。它的葉輪（rotor）是風力機轉換利用風能最重要的系統之一，葉片鎖定於輪轂（hub）構成葉輪，受風吹之空氣動力作用繞軸旋轉，擷取風的動能，進而轉換成有用的電能。

葉片愈長，其受風面積愈大，所能擷取的風能就愈多。一般而言，風力機之輸出電能約與葉輪直徑平方成正比；而塔架高度亦隨之增加。雖然乍看之下很簡單，但是實際上在運用的時候，為了要達到最高的效率，葉片一定是讓受風的面積愈大，效果會愈好，但是葉片過重，反而會轉不動。

早期的葉片直徑從 100 公尺一直增加到 200 公尺，甚至現在要做到 300 公尺，大家可以想像一下，300 公尺那麼長的葉片是什麼樣子的哦！而直徑 300 公尺的風力機也是目前的趨勢。

但是，需要有鐵塔能夠支撐這

風力發電原理

機械能　風輪的轉動將風能轉化為機械能

風能　自然產物

電能　發電機將機械能轉化為電能輸出

塔架高度範圍 6~20米

風力發電機未來設計趨勢

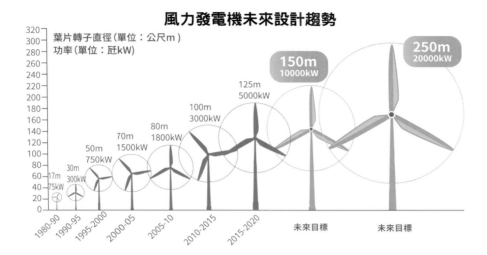

葉片轉子直徑（單位：公尺m）
功率（單位：瓩kW）

17m 75kW
30m 300kW
50m 750kW
70m 1500kW
80m 1800kW
100m 3000kW
125m 5000kW
150m 10000kW
250m 20000kW

1980-90 / 1990-95 / 1995-2000 / 2000-05 / 2005-10 / 2010-2015 / 2015-2020 / 未來目標 / 未來目標

樣的風力，再來就是發電機要能夠承受這麼高轉速下所產生的電力，風力發電是將風機架設在陸地上，稱為「陸域風電」，而「離岸風電」顧名思義，就是將風機架設在海上。一般而言，離岸風場的建置困難度遠超過陸域風場，但離岸風力的發電量較高，且空間資源也較為豐富，還能夠能降低對附近居民的影響，是優勢所在。

像是其他國家如美國地大，風機可以擺在陸上來處理。台灣就沒辦法，必須要多以離岸風電的建置來思考。

離岸風電 vs 陸域風電

15,000-17,000 萬元/百萬瓦　　5,000-7,000 萬元/百萬瓦
$ 開發成本

空間廣闊　　空間有限
空間資源

複雜度高　　複雜度低
技術門檻

2　風電現在的問題和瓶頸為何？

既然台灣風力強勁，風力發電看起來也相對簡單，為什麼不全力發展風力發電呢？原因是風力發電不穩定，時大時小，前面我們提過台灣海峽的東北季風是彰化風力強大的原因，但是東北季風只有秋冬來，台灣的用電尖峰多出現在夏天，如果沒有辦法儲能，只能說是遠水救不了近火。而且，風力發電的效率不夠好，平均發電效率只有34%。

另外，還有環保問題，我們不時會看到一些在地人士對風力發電抗議嗎？他們認為，住在風力發電機附近，會因為風機的低頻，產生睡不好的症狀。而且，風力發電對飛禽多少有影響，容易產生鳥擊的問題。

另外，如果是離岸風電，風機底座有很好的聚魚效果，但是風機打樁的噪音會影響鯨豚，因為風機施工與運轉維護而增加的船舶運輸，也會干擾鯨豚生態。在在都是風力發電備受爭議的部分。

我們常常聽說台灣的科技很進步，晶圓代工很強，小的元件零組件可以做得非常好。但是，台灣的基礎工業反而是落後的，像是這種大型建設類的工程，台灣的經驗和投入並不多，摸索期會拖得很長，我覺得這才是台灣風電長遠發展的隱憂。

而且，離岸風電和陸域風電設置不同，困難度也完全不同。你可以想像風機的建造和維護的成本一定超級高，光是一支5MW（百萬瓦）離岸風機造價超過8億元，更何況離岸風力發電機還有海事工程等，必須要將超級重的風機搬運到海上固定，不僅要考慮安裝時的海象，更要注意風機的耗損，而且從事大型海事工程的船舶不足，這些都不是隨便一個公司就能玩得起來

的事業，更何況還要配合國家的發電廠、公家審查等事宜，就有風電公司執行長談起辛酸淚灑鏡頭前的事情。

在海上發電不容易，要把電送回來更難！畢竟電要能併網才用得上，否則發電卻併不上網，只能空轉，也沒有任何意義。發完電之後，還要經過海底電纜輸送到陸地，岸上還要有變電站，可以併入電網供電才行。

話說回來，再生能源對現存電網的安全度衝擊也很大，當風力發電機出力發生大變化時，會發生區域電壓變動、電壓驟降，就好像一個人突然發生意外狀況導致血壓太低，電力系統如果電壓太低，不僅造成輸配電損失增加，也會影響系統穩定度。

因此，要讓風電走得更遠，首先需要搭配儲能系統。從離岸風電第二期開始，已經強制開發商要搭配裝置容量的 10% 儲能系統。

離岸風場及電力運輸模式

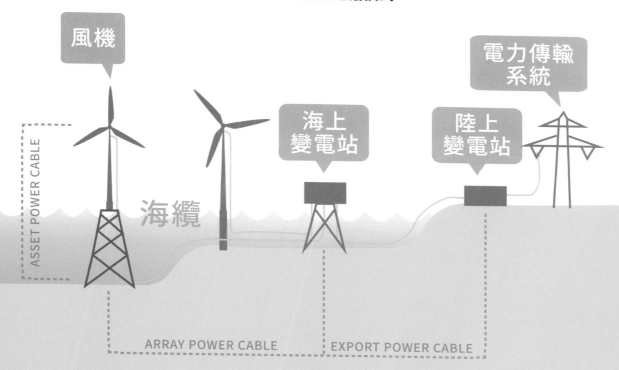

3 在台灣，風力發電的產業鏈大概是怎麼樣的？

其實，台灣的風力發電產業在 1980 就萌芽了，當時也是受到能源危機影響。然而，在能源危機解除後，就停止開發工作。注意喔，日本也是在當時選擇開始發展氫能源產業，現在已經開始開花結果。

在 2000 年的時候，政府發布了《風力發電示範系統設置補助辦法》，由台電公司、台朔重工，以及正隆公司，分別在澎湖、雲林和新竹，設置三個總容量共 8.64MW 的風力發電系統。至 2004 年政府開放民營電廠設置，開啟民間廠商投入風力發電開發。

簡單說，風力發電產業可以區分為「設備製造業」、「整合服務業」以及「風力發電業」三部分。另外，根據風力發電機裝設

風力發電產業鏈

上游 設備製造業	中游 整合服務業	下游 發電業
原材料 鋼材　玻纖/碳纖　樹脂 **零組/配件** 葉片　齒輪箱　塔架 電纜　其他配件 **次系統** 監控系統　電力系統 **風機設備** 離岸風機　陸域風機	風場規劃 風場營造 風機維護	風場開發 風場營運

位置，可區分為安裝在陸地上的「陸域風機」，以及裝設在海上的「離岸型風機」兩類。

風力發電更倚重智慧電網

能源分散在未來是一個很重要的方向。傳統的發電是集中在發電廠，再利用電網輸送到各地去。未來的能源會發展成分散式的，也就是一個地區需要多少電，在當地就把它用掉，節省了很多輸配電的困擾。

而且，輸配電的過程也會浪費能源，傳送電力的時候會有電阻，電阻就會消耗掉能源。

事實上，太陽能非常適合做分散式的能源供應。我們從 P116 的圖會發現，再生能源中，風力發電的占比並不高。主要原因是電網建置問題。因為再生能源電力具有間歇性特點，與火力、核能等傳統發電方式、穩定供電的型態不同，將對原有電網造成負擔，所以需要必須重新調整並加強電網。太陽能因為分散在陸地各處，安裝容易，對原本電網的負荷和要求也沒有那麼高，但是風力的電網就不同，集中在彰化沿海的風力發電，將會給原本單純的電網帶來壓力。

那麼，怎麼避免造成電網壓力？

智慧電網是一個好的發展方向。簡單來說，以前的用電是單向的，電力只能往單方面運送，智慧電網可以雙向流通，告訴電廠這裡需要電再送過來，也可以促成電力過剩或者電力短缺的地方，互相交換，減少電力的浪費，更能監控和整理再生能源突然來的電力。詳細原理我們會在 4-4 再說明。

不過，這是一個漫長的過程，相關的建置和人才還在緩慢前進中。

台灣風電產業供應鏈廠商

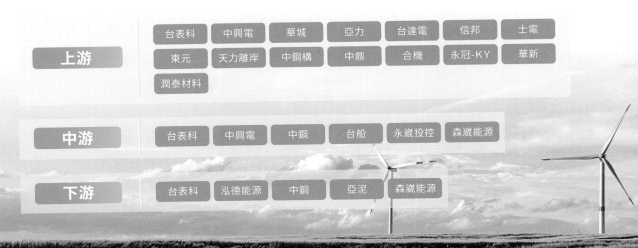

上游	台表科	中興電	華城	亞力	台達電	信邦	士電
	東元	天力離岸	中鋼構	中鼎	合機	永冠-KY	華新
	潤泰材料						

| 中游 | 台表科 | 中興電 | 中鋼 | 台船 | 永崴投控 | 森崴能源 |

| 下游 | 台表科 | 泓德能源 | 中鋼 | 亞泥 | 森崴能源 |

4-3 三個問題，理解 最基本的氫能源和投資

1 氫能和燃料電池的關係   **2** 燃料電池和氫能可否商用   **3** 氫能產業鏈

1 我們常常聽到大家在談氫能，但是同時又會聽到大家在談燃料電池，聽起來像是不同的東西，到底氫能和燃料電池是什麼關係？

嚴格來說，氫不能直接稱為能源，比較像是載著能源的物質。舉個例子，像是石油或煤炭，這些能源在燃燒後產生電力就消失了，而氫氣燃燒後會排放水（H_2O），可以重複的使用。

首先，先講到燃料。我們常聽到的就是汽油，大家有去加油站加過油對吧？燃料最大的好處就是加油非常快，補充容易，但是它最大的缺點就是燃料必須經過引擎燃燒，引擎燃燒必須滿足卡諾定理，根據卡諾定理的運算結果，引擎的能量轉換效率大概落在 20% - 30%。

各位可以想像，你現在開車時加的油，真正推車前進只有

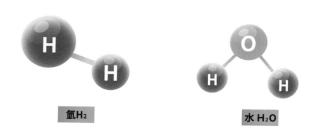

氫H_2 水 H_2O

燃料電池發電原理

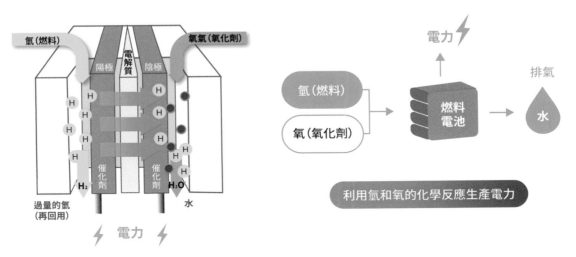

30％，剩下 70％的能量是轉成廢氣和熱能排出去的，這是多麼浪費能源！

電池的最大優點，就是能量轉換效率高，因為電池是用化學的方法儲存能量，效率高的話，可以做到 70-80％的能量轉換效率。

但是電池有一個先天的缺點，充電會浪費很多時間，像是電動車的電池也是一樣的。我們之前介紹電動車時就講過，充一次電要花一兩個小時，這對使用者來說很不方便。科學家開始思考，有沒有一種方法同時具有「電池」與「燃料」的優點呢？於是燃料電池從此誕生了。

燃料電池和傳統電池的原理相同，都是將活性物質的化學能轉換成電能，但是傳統電池的電極本身是活性物質，會參與化學反應；而燃料電池的電極本身只是儲存容器而已，並不會參與化學反應，必須將活性物質加入電池內（就好像我們的汽車補充燃料一樣），才能產生化學反應形成電能，是一種需要補充燃料的電池，故稱為「燃料電池」（Fuel cell）。

那燃料電池跟氫能源有什麼關係？簡單說，就是把燃料電池補充的燃料換成氫，就是氫能源電池了。燃料電池是一個大分類的說法，換了 A 燃料，就可以變成 A 燃料電池。

目前氫能電動車主要使用質子交換膜燃料電池，燃料用的是高純度的氫氣。

大家還記得水分子方程式，就是 2 個氫分子加上 1 個氧分子，就可以合成水分子，而在化學反應的過程中，會產生熱能。只要想辦法把氫電化，就能得到熱能和水。

水可以回歸到大自然，而熱能可以收集起來再利用。這就是氫能源發電的主要架構，也是一般認為氫能源是清潔能源的原因。

氫能源主要的優勢有：燃燒後只排放水、轉換效率超過 50%，來源很廣泛，取得相對容易。

2 燃料電池和氫能現在有可以商用的嗎，障礙為何？

這要先聊到我們的日常生活中不是只有氫氣裡有氫，有很多東西也有氫，例如酒精（甲醇）裡面也含有氫原子，或者是瓦斯也含有氫原子，還有我們平常加油站加的汽油也有，甚至是這地球上最多的水，也是含有氫原子的。

所以，我們除了直接用氫氣以外，也可以使用含有氫原子的化

合物來當燃料，但是不管用哪一種化合物，它都會面臨一個問題：你必須先想辦法把氫給取出來。

所以，通常業界的做法就是，讓這些含有氫原子的燃料，先經過一種觸媒轉化，把裡面的氫原子取出來，再送進燃料電池反應。

問題就出在「取出氫原子」的過程效率太低，所以目前實用性都不高，大多都是在實驗室研究而已。

真正量產，而且可以做成電動車在路上跑的，目前只有純氫而已。

假設我需要一台電動車續航力 500 公里，這是一般大家可以接受的數字。科學家有計算過，如果要達到這個續航力大概需要 5 公斤的氫氣。一聽到 5 公斤的氫氣感覺很輕對吧？放在車上有什麼問題呢？

大家不要忘了，氫氣還是氣體，5 公斤的氣體想放在車上，需要使用高壓存放在鋼瓶才行（高壓儲氫）。

一支 50 公斤重的鋼瓶才能存放 0.5 公斤的氫氣，那麼 5 公斤氫氣需要幾支鋼瓶，以及總重量多少公斤呢？太重了！能源幾乎比車子還重了，根本搬不動。

那有什麼辦法怎麼解決呢？一般這種鋼瓶的壓力大概是 100 大氣壓，我盡量

用整數容易計算：要增加儲存量，最簡單的方法就是用更高的壓力，例如我以 700 大氣壓，把這些氣體硬是灌進去一個儲存槽就可以解決。

但是一般金屬的無法承壓，後來使用含碳纖維的複合材料來製作這種儲氫瓶。縮小體積，放在電動車之下，就變得可行。

另外，由於氫分子小，容易鑽入金屬的分子鏈中，久了就會產生裂斷，稱為「氫脆」。因此，不管是儲氫瓶還是輸送氫氣的管線等設備，都要使用鋼管材料。同時，氫是易燃氣體，爆炸範圍比天然氣還要大，不管是儲存或運輸都要多加小心。

其實氫能源已經在工業界或小範圍用了很多年，但是難以大量普及的幾個原因，我再給大家總結一下：

1. 材料問題：

　需另外使用觸媒，單價太高

2. 儲氫瓶：

　危險度較高，重量大，體積大

3. 其實並沒有解決環保及能源問題

咦，其實並沒有解決環保及能源問題？怎麼說呢？

因為氫能也有分派系，其中「綠氫」是許多企業與國家推崇的目標，以再生

綠氫、藍氫、灰氫

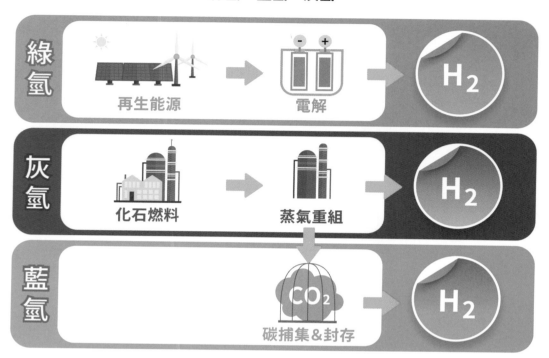

綠氫	再生能源 → 電解 → H2
灰氫	化石燃料 → 蒸氣重組 → H2
藍氫	碳捕集&封存 CO2 → H2

能源電力電解水製氫。「藍氫」則雖然一樣是用天然氣製氫，但搭配碳捕捉與封存將二氧化碳封存起來，兩種製氫方式都被認為是下一代備受矚目的氫能。不過最近有一份報告指出，藍氫其實比燃燒天然氣、燃煤還要糟。

目前工業上便宜的氫氣來源，都是提煉石油過程中的副產物。既然是提煉石油的副產物，就意味著「沒有石油、就沒有便宜的氫氣了」對吧？

所以，一般把這種提煉石油來的副產物氫氣，簡稱為灰氫。使用化石燃料產生的灰氫，仍然需要付出碳費，所以就經濟的角度來看，也不是理想的氫氣。

那藍氫是什麼？把提煉石油過程中產生的二氧化碳回收封存，不要讓它排到大氣裡面造成溫室效應，這樣就比較好一些，這就稱為藍氫。

最好當然是使用再生能源，例如說用風力發電或者太陽能發電，直接來產生氫氣，這樣確實就沒有污染的問題。

如果不能使用綠氫，氫能源或者氫製作的燃料電池，也不能算真正解決人類的環保問題。

3 全球對氫能的關注度大增，但事實上台灣約 20 年前就開始培養氫能相關技術，能否跟我們談一下氫能源的上中下游會需要什麼材料？相關廠商有誰呢？

我們可以看一下現有供應鏈圖，大部分跟儲能直接相關，台灣未來的三大用途，應該會落在發電、大型交通工具和工業應用上。不過現階段要要形成產業，大量獲利，還有一段時間要觀察。

其實，相較於對氫能發展態度積極的韓國、日本等國，台灣沒有像離岸風電一樣明確的政策來帶領，造成局面不清是一個很大的問題。

政府要理解，能源問題就是戰略問題，島國地小，天然資源不足，能源問題一直都是戰略問題，不可輕忽。

原材料	電堆	系統應用
雙極板 亞太燃料電池	揚志、九豪精密、 光騰國際、富堡能源、 律勝科技	**定置型** 台灣電力、光騰國際、 亞太燃料電池
碳布、碳紙 碳能科技、泓明科技		**運輸型** 博研燃料電池、 宏佳騰、新力能源
觸媒 碧氫科技、光洋科		鼎佳能源、中興電工
重組器 碧氫科技、高力熱處理、 中興電工、臺禹科機		

4-4 三個問題，理解最基本的儲能電池、儲能系統與投資

1 為何需要儲能　　**2** 儲能的原理　　**3** 相關產業

1 再生能源為何需要儲能？與「離峰充電、尖峰用電」有何關聯？

大家都知道，減碳最重要的一件事，就是要降低碳的排放量，所以交通運輸業和鋼鐵石化產業會直接受到衝擊。隨著全球再生能源發電的大幅上升，我們發現到一個問題：再生能源發電的間歇特性，對電力系統而言，其實不太可調度，而且也很難調控。

以風電為例，冬天東北季風盛行，最適合發電，尤其是晚上，「可是有時候風滿大的，風機卻沒轉。」因為台灣幾乎不用暖氣，冬天晚上不需要那麼多電。如果有儲電系統，就可以把晚上的風電留到白天再用。太陽光電也是如此。

說得嚴重一點，缺乏儲能裝置，「風光發電」反而可能是個災難。所以，如果想要好好利用再生能源發電量，來滿足用電需求，儲能系統是很重要的一環。

我們先講傳統的電力，例如火力發電，或者是水力發電等，

智慧電網與儲能系統

這種傳統的能源，目前台電是怎麼樣做到讓它可以穩定供電的呢？

目前，我們的電力系統還是有點原始的，基本上，台電是不知道我們當下需要多少電。

所以，一旦我們當下需要的電，超過台電能夠提供的電力時，就會跳電。跳電不僅會造成用電者的困擾，更會造成許多工廠設備機器的損傷（例如吃電怪獸的晶圓廠），還會造成整區一起停電。

所以，台電目前的解決方法，就是準備更多的電，這個稱為「備載容量」。也就是確保我們突然增加用電量時，不會立刻超過台電的供電量，導致跳電。

假設，我今天只需要 100 瓦時的電，我就多留 10%，提供 110 瓦時給你，理論上，就可以確保有 10% 的緩衝，也不容易發生跳電。

問題是這樣做，難免會浪費掉部分能源。要怎麼減少這種備載容量的浪費呢？最簡單的方法，就是要想辦法即時讓台電知道，現在需要多少電，這個也就是所謂的「智慧電網」。

而智慧電網除了能夠即時回報用電量之外，更重要的是要做到「離峰充電、尖峰用電」。

所謂的離峰，以住家來說就是白天，白天大家都去上班，家裡無人用電。主要是因為台電在離峰時間，就會多出一些電，多出來的這些電，如果沒有一個系統儲存起來的話，就只能眼睜睜看它浪費掉了。

所以，想辦法在離峰、有多餘電力的時候，把電力儲存在儲能電池裡，在巔峰時間再把電力抽出來使用，這樣才能夠減少電力的浪費。

2 儲能的原理是什麼？能不能簡單談談整個儲能的類別和全貌？

談到儲能，所有焦點都集中在鋰電池，可是不只鋰電池可以儲能，很多東西都可以儲能，不過鋰電池在投資路線上最具賣相。

儲能方式大致分成五種：機械類儲能、電化學儲能、化學儲能、電氣類儲能、熱儲能等。大家可以看圖分辨。

幾個比較重要或有趣的，我舉個例子給大家。例如「機械類儲能」裡的「壓縮空氣儲能法」是怎樣儲能的呢？

首先，利用空氣加壓打到一個儲存槽裡面，此時如果發生跳電或者需要供電的時候，就把這個高壓的空氣釋放出來推動機械裝置，就可以發電，這是最簡單的方法。

這種儲能方法，常見於油氣井或海底、鹽洞等，當需要電力時，再將壓縮空氣與天然氣混合，加熱燃燒推動渦輪機發電。缺點是受地理限制，建設成本高，應用上實在有點難普及。

另外一個有趣的是「飛輪儲存

儲能種類

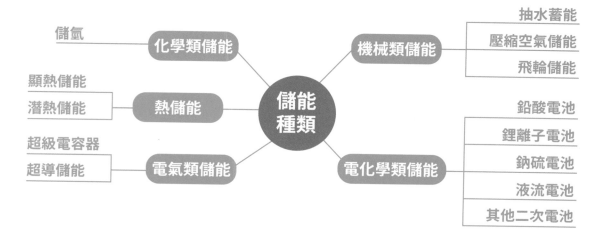

法」。就是利用一個會轉動的飛輪，這個飛輪的質量要非常重，當你要充電時，就得加速讓這個飛輪愈轉愈快，當你需要它供電的時候，再把這個飛輪旋轉的動能，拿出來推動發電機發電。

這個飛輪儲存法聽起來很有趣，其實最關鍵的就是在飛輪轉動時，不可以有摩擦力，不然能源都被浪費掉了。所以，通常會用超導體，讓這個飛輪浮起來。大家應該有聽過磁浮的現象，這樣就可以確保飛輪可以有效儲存能量。

還有就是「電化學儲能」。簡單說就是利用電化學反應來儲存能量。這個就是未來各國都認為最可行的方法，也就是使用鋰電池、燃料電池等來儲存電能。在電動車系統上，這樣的儲能方法非常方便，但是也有危險的疑慮。

再來，就是電氣類儲能裡的「超導儲能」和「超級電容儲能」。超導儲能是把超導材料製成的線圈放在臨界溫度的容器中，在這麼極端溫度的環境之下，超導體內的電阻是零，傳輸電能時不會有電力損失，能量就以超導線圈中循環流動的直流電儲存在磁場中。

雖然充放電是最快的，但是為了要實現超導儲能，它需要的環境實在是太貴了，也不夠環保，而且能儲能的時間非常短。雖然已有超導儲能產品可用，但在電網中應用很少，大多是試驗性的。

儲能方式根據不同的地形或限制，各有優缺點，並沒有絕對性的好壞。每種技術適合儲存的時間長短不一，例如：熱水能存數小時，而氫氣儲能可存數天至數個月以上。

知識點 *Knowledge Point*

2021 年全球儲能市場保持高增長態勢，新增裝機規模為 29.6GWh，年增長 72.4%，預估未來 5~10 年全球儲能市場將迎來飛速發展，至 2025 年全球儲能新增裝機量約為 362GWh。

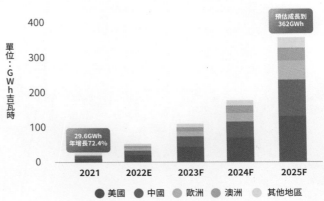

3 儲能系統分別有什麼企業和廠商正在大力發展呢？

我 簡單說兩個我認為可以注意的方向。

第一個就是鋰電池和燃料電池相關的。這兩種電池相關的材料廠、組裝跟模組廠要注意，未來發展空間大。

第二個，儲能的系統廠商。大家還記得之前講的智慧電網嗎？在監控時間要放電，在離峰時間要充電的動作，其實都需要一個能源管理系統來管理，所以，儲能系統的發展也很重要。

儲能系統相關供應鏈

鋰電池

正極材料
4739康普
4721美琪瑪

負極材料
1723中碳
3691碩禾

燃料電池

1513中興電
2351順德
6282康舒
8996高力

儲能電池

2308台達電
2360致茂
6121新普
1519華城
1514亞力
5309系統電

儲能系統在電網中的應用

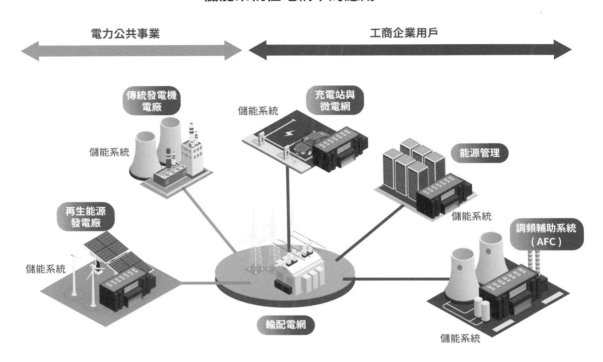

電力公共事業　　　　　　　工商企業用戶

1 小型核子反應爐   **2** 人造太陽是什麼   **3** 托卡馬克是什麼

1 什麼是小型核子反應爐？有什麼風險？

核子反應爐目前大部分都是大型的核子反應爐，不僅施工的時間長，而且都需要就地客製化，依照不同的施工地點，有不同的施工方式。

但早在 30 年前，小型的核子反應爐 SMR（Small Modular Reactors），就被用在軍事工業上面。例如航空母艦或潛水艇，如果以加燃油來發動，效率不高，也不易持久。最簡單方式，就是用小型的核子反應爐。

最近就有科學家在想，是不是可以把這種小型的核子反應爐，用在一般的能源系統上呢？

它和一般核能廠的發電功率有差，一般核能電廠約 90-100 萬瓦，SMR 大約為 30 萬瓦，但是體積小、又可以模組化，等於我可以在工廠裡做核子反應爐，之後再運送到需求地區，直接就可以安裝發電。

不僅縮短核子反應爐建造的時間，產生的廢料也較少，不過

仍然需要法律制訂與審查，雖然美國已經有小型商用案例出現，但是台電表示，

真正要引進或許還需要 8-10 年時間。

核能發電原理

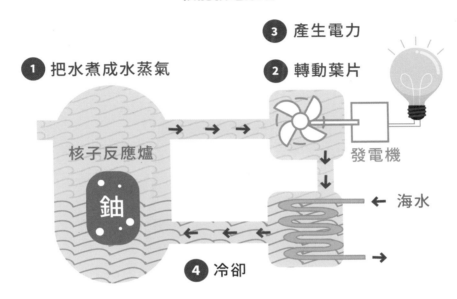

 知識點 *Knowledge Point*

核能是綠能嗎？

　　歐洲議會在 2022 年歷經多次爭論，在環保團體的激烈抗議聲中，表決通過，將天然氣與核能列為「低碳」的「綠色能源」。

　　未來在歐盟的各大機構，若投資發展核能，可被視為「投資綠能」，取得相關的金融與稅務優惠，而歐盟的諸多「綠能基金」，未來也都可以名正言順地投

資興建核電廠與天然氣電站。

　　一來是因為俄烏戰爭造成的能源缺損，加速了歐盟「以核減碳」的決心。二來是主導的德法兩國，高度依賴核能發電，但其他國家擔心核能的安全問題，以及核廢料造成的污染，並未完全認同。

2 什麼是人造太陽？

你可能會覺得，怎麼聽來聽去太陽能、風力、氫能都有各自的問題，困難重重。我們每天抬頭都會看到太陽，太陽的熱能很強大，如果能製造出一個人造太陽，是不是就不會有能源短缺的問題？

其實，科學家早就想到了！

→**核分裂：一顆分裂成兩顆**

→**核融合：兩顆融合成一顆**

核反應有兩種，一種是「核分裂反應」，以中子撞擊重元素（例如：鈾、鈽等），使原子核分裂形成許多輕元素（例如：氪、鋇等），減少的總質量轉換成巨大的能量；

另一種是「核融合反應」，將兩個輕元素（例如：氘、氚等）融合起來形成一個重元素（例如：氦），減少的總質量轉換成巨大的能量，其方程式為 $E=mc^2$。

另外，核融合的生成物是氦氣，幾乎沒有放射性，因此沒有核廢料的問題。「人造太陽」是「核融合」一種通俗的說法，

核分裂原理

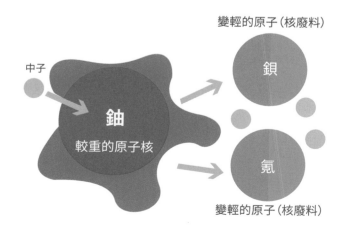

變輕的原子(核廢料)

中子

鈾
較重的原子核

鋇

氪

變輕的原子(核廢料)

能量(焦耳，J)　光速(m/s)

$$E=mc^2$$

質量(kg)

之所以稱它為人造太陽，是因為它的反應原理和太陽一樣。

優點，太陽的能量來源也是核融合，核融合的支持者喜歡強調這點，因為這讓核融合看起來非常自然。核融合燃料是一般的氘，氘也是海洋中含量最豐富的元素，顯然取之不盡、用之不竭，至少幾百萬年內都不用擔心。就放射性而言，比較乾淨。

缺點則是需要巨大能量來融合，也沒有容器，現在都用高能量磁場來控制電漿。要拿這個東西來發電，很不容易。

核融合原理

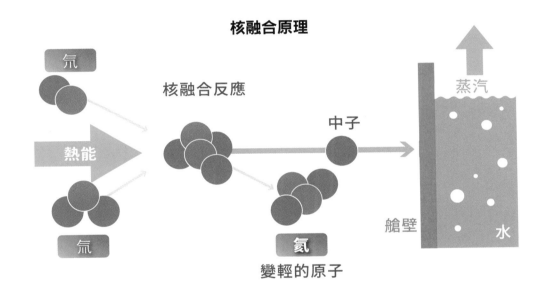

知識點 *Knowledge Point*

「人造太陽」這個議題愈來愈夯，不僅歐洲、中國都在紛紛發表研究結果，京都的新創企業 Fusioneering 也宣布，將興建世界第一座核融合驗證設備。比爾蓋茲、Google 和許多私募股權公司等投資的核融合公司 Commonwealth Fusion Systems（CFS），開始著手建設約 47 英畝的核融合反應爐。

人造太陽的目標，是以極高的效率產生源源不斷的能源。而根據目前的理論基礎，有幾種實現核融合的方式，托卡馬克（Tokamak）就是其中一種。

3 什麼是托卡馬克？

要讓核融合反應發生，必須要有巨大的能量，因此，人類用核分裂反應引發核融合，意思是，點爆一枚核子彈，利用核分裂產生大量能量，再利用能量推動核融合反應，產生氫彈。

但是，人類沒有容器可以承受核子彈爆炸的威力，因此氫彈只能當成武器，無法用來發電。

科學家們長年以來希望在地球上打造一顆能量媲美「太陽」的設備，但如果要建造地球版的恆星，首先必須要將電漿溫度提高並維持穩定才有機會，太陽核心大約攝氏 2,700 萬度，每秒將大約 6.2 億噸氫融合成 6.16 億噸氦，把 400 萬噸物質轉化成能量。

核融合距離真正發電有多遠

2020.04	東方超環在 1 億度高溫下維持了近 10 秒
2021.05	實現了可重複的 1.2 億度 101 秒電漿運行和 1.6 億度 20 秒電漿運行
2021.12	實現了 7,000 萬的約 17 分長脈衝電漿運行

中國大陸是國際熱核融合實驗反應爐（ITER）7 個成員國中的一員，核融合設備之所以能在高溫環境下不受損，主要是採用超導磁鐵形成的超強磁場來控制氫、氘、氚的電漿，由於電漿帶電荷因此會受到磁場的控制，托卡馬克的核心區是形狀類似「甜甜圈」的真空區，這些電漿會集中到中央，盡量遠離內部牆壁，且這些超高溫電漿通常在接近內壁前，就會迅速消散。

不過，無論如何，要把一個試驗中的研究搬出實驗室、真正投入使用，還需要許多時間以及金錢，尤其由美國、歐洲、中國、印度、日本、俄羅斯、南韓投入的國際熱核融合實驗反應爐（ITER）計畫，已經被譽為人類有史以來最燒錢的科學實驗，以及最複雜的工程，而實現目標所需的時間，有時會比想像的還要久得多。

也就是說，現階段的綠能，包含太陽能、風力都是過渡，終極解法還是人造太陽。

不過這是 20 年後的事情，所以在這 20 年內，我們要使用其他再生能源以及儲能來度過這些時間，靜待人造太陽實現的那一天！

國家圖書館出版品預行編目 (CIP) 資料

你怎麼賺科技業的錢：四大領域 x 三個問題，
教你搞懂新賽道的投資邏輯 / 曲建仲，葉芷娟
著 . -- 第一版 . -- 臺北市 : 內容變現股份有限公
司 , 2023.03
152 面 ; 19*26 公分
ISBN 978-626-969-623-9(平裝)

1. 投資 2. 投資分析 3. 科技業

563.52   112002747

散冊 SBK002

你怎麼賺科技業的錢：
四大領域 × 三個問題，教你搞懂新賽道的投資邏輯

作者｜曲建仲、葉芷娟

責任編輯｜林欣儀、謝君青
文字校對｜魏秋綢
內頁排版｜劉曜徵
美術設計｜劉曜徵
圖卡設計｜陳琬渝

出版者｜內容變現股份有限公司
創辦人｜謝富晟
地址｜台北市 104 龍江路 8 號
電話｜（02）8772-7900　　傳真｜（02）8772-7907
網址｜ www.sandsbook.com
客服信箱｜ service@sandshour.com

法律顧問｜貴智法律事務所　楊貴智律師
製版印刷｜中原造像股份有限公司
總經銷｜大和書報圖書股份有限公司　　電話｜（02）8990-2588

出版日期｜ 2023 年 3 月第一版第一次發行
　　　　　 2023 年 4 月第一版第二次發行
定價｜ 630 元
書號｜ SBK002
ISBN ｜ 978-626-969-623-9（平裝）

sandsbook 散冊